다윈이 들려주는 신비한 진화 이야기
종의 기원

초판 1쇄 발행 2006년 11월 10일 **초판 6쇄 발행** 2024년 5월 10일
원작 찰스 다윈 **글쓴이** 한진영 **그린이** 김주리

펴낸이 이영선
편집 이일규 김선정 김문정 김종훈 이민재 이현정
디자인 김회량 위수연
독자본부 김일신 손미경 정혜영 김연수 김민수 박정래 김인환
펴낸곳 파란자전거 **출판등록** 1999년 9월 17일(제406-2005-000048호)
주소 경기도 파주시 광인사길 217(파주출판도시) **전화** (031)955-7470 **팩스** (031)955-7469
홈페이지 www.paja.co.kr **이메일** booksea21@hanmail.net

ⓒ 파란자전거 · 한진영, 2006
ISBN 978-89-89192-57-2 73400

이 도서의 국립중앙도서관 출판예정도서목록(CIP)은 서지정보유통지원시스템 홈페이지(http://seoji.nl.go.kr)와
국가자료공동목록시스템(http://www.nl.go.kr/kolisnet)에서 이용하실 수 있습니다.(CIP제어번호: CIP2012000581)

* 사진을 제공해 주시고 게재를 허락해 주신 분들께 감사드립니다.
* 일부 저작권을 찾지 못한 사진은 확인되는 대로 정해진 절차에 따라 사용료를 지불하겠습니다.

파란자전거는 도서출판 서해문집의 어린이 책 브랜드입니다. 페달을 밟아야 똑바로 나아가는 자전거처럼
파란자전거는 어린이와 청소년이 혼자 힘으로도 바르게 설 수 있도록 도와줍니다.

어린이제품안전특별법에 의한 제품 표시
제조자명 파란자전거 **제조년월** 2024년 5월 **제조국** 대한민국 **사용연령** 11세 이상 어린이 제품
▲ **주의** 책의 모서리가 날카로우니 던지거나 떨어뜨려 다치지 않도록 주의하세요.
KC 마크는 이 제품이 공통안전기준에 적합하였음을 의미합니다.

파란클래식 08

다윈이 들려주는 신비한 진화 이야기

종의 기원

찰스 다윈 원작 | 한진영 글 | 김주리 그림

글쓴이의 말

생명의 기원을 밝힌 평범한 천재

　근대과학이 발전하면서, 사람들의 생각과 생활에는 엄청난 변화가 일어납니다. 특히 코페르니쿠스의 지동설과 다윈의 진화론은 사람들의 믿음과 자존심에 상처를 입혔습니다. 16세기까지 사람들은 전 우주가 지구를 중심으로 움직인다고 믿었는데, 지동설에 의하면 지구는 태양 주위를 도는 여러 행성 중 하나일 뿐이었으니 그 충격은 대단했겠지요.

　다윈의 진화론은 더더욱 받아들이기 힘든 이론이었습니다. 인간은 하느님의 형상을 본떠 특별히 창조된 것으로 알고 있었는데, 원숭이와 비슷한 동물에서 점차 변해 온 거라니 더더욱 불쾌하고 무서운 이야기였지요.

하지만 과학은 증거와 논리로써 진실을 가리는 법입니다. 수많은 난관을 거쳐 사실로 인정된 지동설처럼, 진화론도 머지않아 부인할 수 없는 진리로 받아들여지게 됩니다. 그리고 인류에게 가장 큰 영향을 끼친 과학적 발견으로 손꼽힙니다. 그 후로 진화론은 생물학뿐 아니라 자연과학, 나아가 심리학, 사회학, 경제학에까지 영향을 끼치게 되지요.

그렇다면 이처럼 위대한 이론을 세운 다윈은 타고난 천재였을까요? 그렇지 않습니다. 다윈은 어렸을 때부터 숲에서 곤충을 채집하고, 식물들을 관찰하는 데 즐거움을 느낀 시골 소년에 불과했습니다. 학교에 가는 것도 좋아하지 않았지요. 아버지의 권유로 의학 공부를 시작했지만 중도에 포기하고 말았고요. 그렇다면 이런 평범한 사람이 어떻게 역사에 길이 남을 과학적 원리를 발견하게 된 것일까요?

  그것은 아마도 생명의 기원을 밝히고 싶다는 열정을 품은 뒤, 그 해답을 얻기 위해 포기하지 않고 탐구했기 때문일 겁니다. 위대한 발견을 하는 데 천재적인 두뇌가 도움이 될 때도 있을 것입니다. 하지만 그보다 중요한 것은 편견에서 벗어나 순수한 마음

으로 현상을 관찰하는 것입니다. 그리고 성실하게 연구하는 것이지요. 불성실한 천재보다는 성실한 보통 사람이 중요한 발견을 할 가능성이 높다는 것을 역사는 증명하고 있습니다.

인간이 지금과는 다른 형태에서 현재의 모습으로 진화해 왔다는 다윈의 주장에 사람들은 경악했지만, 환경이 바뀜에 따라 좀 더 나은 모습으로 변해 간다는 것, 신비롭지 않나요? 다행스러운 일이기도 하고요.

인간은 지금까지 진화해 왔듯이 앞으로도 계속 진화해 가겠지요. 어떤 모습으로 진화해 갈까요? 정말 ET의 모습과 비슷해질까요? 여러분도 한번 상상해 보세요.

2006년 가을 한진영

차 례

글쓴이의 말
생명의 기원을 밝힌 평범한 천재

제1부 《종의 기원》을 읽기 전에 꼭 알아야 할 5가지   12
   1 《종의 기원》은 어떤 책인가   14
   2 딱정벌레를 좋아하던 소년이 박물학자가 되기까지   22
   3 《종의 기원》을 낳은 비글 호 항해   36
   4 진화론을 완성하기까지   46
   5 인류의 역사를 바꾼 《종의 기원》   54

제2부 생명의 신비를 밝힌 진화 이야기 66

    1장 사육과 재배에서 생기는 변이, 자연 상태에서 생기는 변이 68

    2장 생존경쟁과 자연선택 76

    3장 변이의 법칙 90

    4장 몇 가지 의문점 96

    5장 본능 102

    6장 지질학적 기록의 불완전성에 관하여 110

    7장 지리적 분포 116

    8장 생물들 사이의 유연 관계 – 형태학, 발생학, 흔적기관 128

    9장 결론 134

연표 140

제 1 부

《종의 기원》을 읽기 전에 꼭 알아야 할 5가지

1. 《종의 기원》은 어떤 책인가

1859년 11월, 찰스 다윈의 《종의 기원》이 출간되었습니다. 원래 제목은 《자연선택에 의한 종의 기원 혹은 생존경쟁에 있어서 유리한 종족의 존속에 관하여》입니다. 이 책은 처음 1,250부를 인쇄했는데, 하루 만에 모두 팔려 버렸습니다. 딱딱한 과학책인데다, 책값도 다른 책에 비해 훨씬 비싼 것을 생각하면 놀라운 일이었죠. 게다가 신문이나 방송에서 책을 광고할 수도 없는 시대였는데 말입니다.

더구나 이 책은 나오자마자 엄청난 논란을 불러일으켰습니다. 그 이유가 뭘까요?

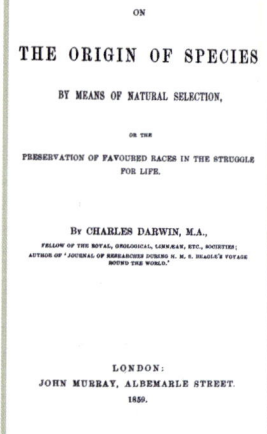

《종의 기원》 초판 표지
다윈은 출판사에 원고를 보내면서, 손해를 볼 것 같으면 책을 내지 않아도 된다는 편지를 함께 넣었어요.

꼭 알아야 할 중요한 개념들

책 내용을 살펴보기 전에, 먼저 몇 가지 개념을 알아보도록 하지요. 다윈은 《종의 기원》에서 전문 용어를 거의 쓰지 않았지만 그래도 이 책을 이해하기 위해서 꼭 알아 두어야 할 개념이 몇 가지 있어요. 우선 제목에도 나온 종(種)이 무슨 뜻인지 알아봅시다.

지구상에는 무수한 생물이 있죠? 이 헤아릴 수 없이 많은 생물들을 분류하기 위해 학자들이 사용한 기본적인 단위가 '종'입니다. 같은 종으로 묶이려면 두 생물이 교배가 가능해야 합니다. 예를 들어 말과 개는 교배해서 새끼를 낳을 수가 없죠? 그래서 말과 개는 서로 다른 종에 속합니다. 새와 벌도 마찬가지죠. 그런데 진돗개와 불도그는 어떤가요? 서로 교배해서 새끼를 낳을 수 있죠? 그래서 진돗개와 불도그는 같은 '종'입니다.

그러나 교배를 해서 새끼를 낳을 수 있다고 해서 모두 같은 종은 아닙니다. 호랑이와 사자는 교배해서 라이거라는 새끼를 낳을 수 있지만, 호랑이와 사자를 같은 종이라고 하지는 않습니다. 말과 당나귀도 교배해서 노새를 낳지만, 말과 당나귀도 같은 종은 아닙니다. 왜 그럴까요? 라이거와 노새는 새끼를 낳을 수가 없기 때문입니다. 희귀하게 임신이 되는 경우도 있지만, 거의 대부분은 그렇지 못합니다.

 이제 종이 어떤 의미인지 아시겠죠? 서로 교배해서 새끼를 낳을 수 있고, 그 새끼도 같은 형질의 자손을 낳을 수 있어야 그 두 생물을 같은 종이라고 하는 것입니다.

 '개체'라는 말도 알아 두어야겠군요. 개체란 어떤 종에 속하는 생물 하나하나를 말합니다. 현생 인류는 종으로 분류하면 '호모 사피엔스 사피엔스'입니다. 그러므로 우리들 한 명 한 명은 '호모 사피엔스 사피엔스'라는 종의 개체들이라고 할 수 있죠.

 그런데 현생 인류는 인종마다 또 개인마다 조금씩 차이가 있습니다. 피부색도 다르고, 머리카락 모양도 다르고, 골격도 다르지

암말과 수탕나귀 사이에서 태어난 노새. 3,000년 전부터 짐을 나르는 데 사용되었지요. 하지만 새끼는 낳지 못합니다.

요. 개인에 따라 키도 다르고 체형도 조금씩 다릅니다. 이런 차이를 '변이'라고 한답니다. 환경에 적응하는 데 이익이 되는 변이도 있고 그렇지 않은 변이도 있고, 또 별다른 영향을 미치지 않는 변이도 있지요.

마지막으로 하나만 더 알아보죠. 가장 중요한 단어인 '진화'입니다. 진화란 생물이 이전에 존재하던 그들의 공통 조상으로부터 여러 세대를 거치면서 점차 변화하는 것을 뜻합니다. 진화하는 과정에서는 보통 구조나 기능이 간단한 것에서 복잡한 것으로 발전합니다. 또 한 종에 속하는 종류도 점점 많아져 갑니다.

자, 기본 개념들을 알았으니 이제 다시 《종의 기원》으로 돌아가 봅시다.

어떤 내용을 담은 책인가?

《종의 기원》의 핵심 내용은 크게 두 가지입니다. 첫째, 모든 생물은 환경에 맞춰 적응하면서 점차 진화한다는 것입니다. 둘째, 생존과 번식 능력이 뛰어난 생물은 살아남고, 그렇지 못한 생물은 멸종한다는 것입니다.

다윈은 이 책을 보통 사람도 이해할 수 있도록 가능한 한 쉽게 설명했습니다. 그리고 생물이 진화한다는 사실을 밝히기 위해 사람들에게 친근한 비둘기를 예로 들어 설명했지요. 당시 영국 사람들은 비둘기를 여러 가지 품종으로 개량할 수 있다는 것을 알고 있었거든요. 다윈은 사람들에 의해 동식물의 품종이 개량될 수 있다면, 자연에서도 그런 변화가 생길 수 있다고 지적합니다.

생물은 다양한 자연 환경에 적응하는 과정에서 변이(다른 모습으로 변화하는 것)를 겪습니다. 이 변이는 자손들에게 전달되고, 그런 과정이 여러 세대를 거치면서 조상의 형태와는 점점 다르게 진화합니다. 예를 들어, 공작의 화려한 꼬리는 먹이를 구하는 데는 아무 도움도 되지 않지만 짝짓기를 도와 자손을 번식시키는 데 필요하기 때문에 그렇게 진화한 것입니다. 사람이 지금 같은 모습이 된 것도 진화의 결과이지요.

《종의 기원》이 논란을 불러일으킨 이유

다윈의 진화론이 논란을 일으킨 것은 먼저 종교적인 문제 때문입니다. 당시 사람들은 성서의 〈창세기〉에 쓰인 대로 하느님이 생물을 창조했고, 그 모습이 변함없이 이어져 왔다고 믿었습니다. 하느님이 창조했으므로 완전무결한 모습일 테고, 그러므로 더 이상

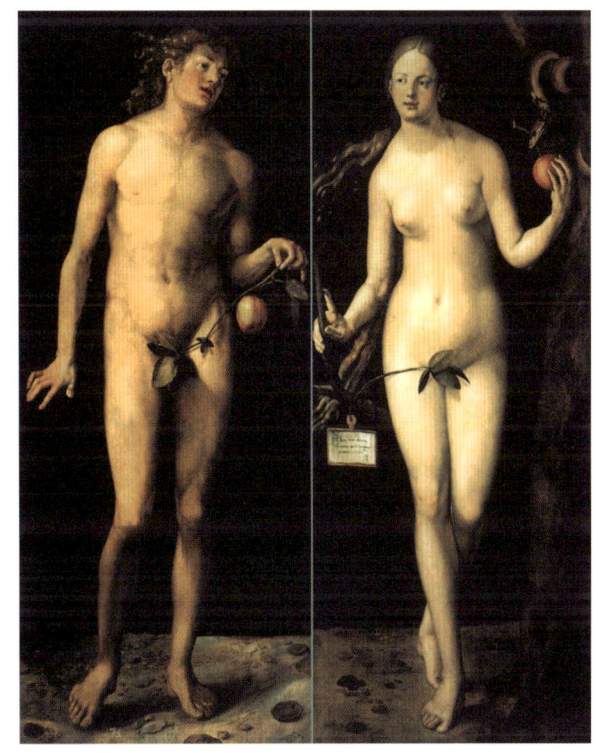

아담과 하와
성서 〈창세기〉에 의하면 신이 직접 사람을 만들었습니다. 그림 속의 두 사람, 아담과 하와가 인류 최초의 남자와 여자이지요. 이 그림은 독일의 화가 알브레히트 뒤러의 작품인데, 아담과 하와가 신의 명령을 어기고 금단의 열매를 따 먹은 〈창세기〉의 이야기를 바탕으로 그린 것입니다.

변화할 필요가 없다고 생각한 것입니다. 그런데 처음의 모습에서 계속 변화해 왔다니, 그것은 하느님의 완전함을 부정하는 불경한 발언으로 들렸지요.

게다가 인간이 원숭이와 밀접한 관련이 있다는 《종의 기원》의 주장은 사람들을 매우 불쾌하게 만들었습니다. 다윈은 신문에서 종종 조롱거리가 되었고, 풍자만화에서는 원숭이의 모습으로 그

려지기도 했습니다.

그렇다면 다윈은 신의 존재를 부정했을까요? 그렇지는 않았습니다. 다윈은 신의 존재는 알 수 없지만 자신은 신의 존재를 믿는다고 말했어요.

다만, 다윈은 종교와 과학을 따로 떼어 생각하려 했습니다. 종교인들은 다윈을 공격했지만, 나중에는 많은 사람들이 과학의 독립성을 인정하게 되었어요.

사람들은 인간이 원숭이와 밀접한 관련이 있다는 다윈의 주장을 불쾌하게 여겼습니다. 늙은 다윈을 원숭이로 묘사한 이 풍자화에서도 당시 사회의 분위기를 느낄 수 있습니다.

아는 것이 힘!
진화론은 이렇게 진화했어요

나는 최초로 자연계의 존재를 분류했지요. 이 자연에서는 말이죠, 모든 생명체가 사다리처럼 계층을 이루고 있어요. 맨 밑바닥에는 무생물이 있고, 그 위에는 해파리 같은 불완전한 생명들이 있는 거지요. 그 위에는 어류처럼 좀더 발달된 생물이 있고, 그 위에는 조류와 포유류가 있어요. 맨 위에는요? 당연히 인간이지요. 아래층에 있는 생물들이 위층으로 올라갈 수 있느냐고요? 천만에. 절대 그럴 수는 없어요.

아리스토텔레스
(기원전 4세기)-그리스 철학자

뷔퐁
(1707-1788)-프랑스 박물학자

시대가 바뀌었으니 이제 좀 과학적으로 생각할 때가 되지 않았소? 동식물은 처음 생겼을 때 모습이 그대로 유지되는 게 아니라 계속 변하고 있어요. 어떤 동물들을 보면 예전에는 쓰다가 지금은 쓰지 않는 기관들이 희미하게 남아 있는데 그걸 봐도 내 말이 맞다는 걸 알 수 있을 거요.

진화가 왜 일어나고 어떤 방식으로 일어나는지 내가 설명하지요. 간단히 말하면 많이 쓰는 기관은 발달하고 잘 안 쓰는 기관은 퇴화하는 겁니다. 기린은 높은 가지의 나뭇잎을 먹으려고 목을 늘이다가 목이 길어진 것이고, 그 기린한테서 목이 긴 새끼가 나오는 거지요. 그렇게 해서 점점 목이 긴 후손들이 태어나는 겁니다.

라마르크
(1744-1829)-프랑스 생물학자

다윈
(1809-1882)-영국 생물학자

제가 연구한 결과, 진화는 이렇게 일어납니다. 같은 종(種)이라도 유전적으로 조금씩은 차이가 있게 마련이지요. 시간이 지나면 환경이 변할 것이고, 그러면 그 환경에 가장 적합한 것들만 살아남는 겁니다. 그리고 자신들의 유전자를 물려받은 후손들을 남기는 거지요.

2. 딱정벌레를 좋아하던 소년이 박물학자가 되기까지

《종의 기원》을 집필한 찰스 다윈은 1809년 2월 12일 영국 남서부 슈루즈버리에서 태어났습니다. 할아버지와 아버지는 유명한 의사였고, 외가도 큰 도자기 회사를 경영하는 부유한 집안이었습니다.

6남매 중 다섯째로 태어난 다윈은, 여덟 살 되던 해 어머니를 잃고 누나들의 보살핌을 받으며 자랐지요. 어머니를 일찍 여의기는 했지만, 풍족한 생활과 가족들의 사랑 속에서 어린 시절을 행복하게 보냈습니다.

나는 다윈의 할아버지 에라스무스 다윈이에요. 내과 의사이자 시인, 철학자, 발명가지요.

에라스무스 다윈
에라스무스 다윈 역시 생물의 진화를 연구하여 많은 책을 남겼습니다. 다윈이 진화론을 성립하는 데에는 할아버지 에라스무스 다윈의 영향이 컸습니다.

자연에 파묻혀 지내다

다윈은 열 살 되던 해에 형 에라스무스가 다니는 슈루즈버리 기숙학교에 들어갔습니다. 그 학교는 상류층 자제들이 다녔는데, 라틴어와 그리스 어로 된 고전을 주로 배웠지요. 하지만 다윈은 수업 내용에 별 흥미를 느끼지 못했답니다. 곤충과 새를 관찰하는 데 푹 빠져 있었으니까요. 다윈은 새로운 식물과 광물, 동전, 조개껍데기, 곤충들을 수집하는 데 열을 올렸습니다.

다윈은 또 사냥을 좋아했는데, 처음 도요새를 맞혔을 때는 너무 흥분해서 총을 다시 장전하기 힘들 정도였다고 합니다. 아버지는

슈루즈버리 학교
영국의 유명한 사립학교 가운데 하나입니다. 이곳에서 다윈은 고전 공부보다는 자연 관찰과 수집에 몰두했지요. 오늘날까지 슈루즈버리 학교는 고전과 인문학을 중요하게 여기는 학풍을 이어오고 있다고 합니다.

당연히 걱정이 되었지요.

"너는 개하고 놀고, 사냥하고, 쥐 잡는 일 외에는 신경 쓰는 일이 하나도 없구나. 그러다가는 네 인생에도 도움이 안 되고 우리 가족에게도 수치가 될 거다."

아버지는 다윈이 의사가 되기를 바랐습니다. 그래서 다윈이 열여섯 살 되던 해, 에든버러 대학으로 보냈습니다. 형 에라스무스가 그곳 의대에 다니고 있었거든요. 다윈은 내키지 않았지만 아버지의 뜻을 거역하지는 못했습니다.

로버트 다윈
다윈의 아버지. 다윈은 어려서부터 아버지에 대해 열등감을 품고 있었는데, 열등감을 극복하려는 노력이 훗날 뛰어난 성과를 낳은 원동력이 되었습니다.

의사도 목사도 아닌 과학자를 꿈꾸며

다윈은 형과 함께 에든버러에서 의학을 공부했습니다. 하지만 다윈은 강의로만 이루어진 그곳의 수업이 너무 따분하기만 했어요. 특히 해부학 강의는 견디지 못할 정도였습니다. 그러나 훗날 다윈은 그때 억지로라도 해부학을 익히지 못한 것을 후회했답니다. 진화론을 연구할 때 동물들을 해부할 일이 많았기 때문입니다.

다윈은 에든버러 병원에서 행해진 수술에 두 번 참관했는데, 그때마다 수술이 끝나기도 전에 밖으로 뛰쳐나왔답니다. 당시에는 클로로포름 같은 마취제가 개발되기 전이어서 환자들은 마취도 없이 수술을 받아야 했지요. 환자들은 고통을 이기지 못해 비명을 질러 댔고, 그 끔찍한 광경을 다윈은 지켜보지 못했던 것입니다. 그 후로 다윈은 두 번 다시 수술실에 들어가지 않았습니다. 그리고 의사가 되겠다는 희망도 버렸습니다.

대신, 다윈은 혼자서 자연사에 대한 관심을 넓혀 갔습니다. 다윈은 여름방학을 이용해 여행과 사냥을 즐겼습니다. 그리고 틈틈이 자연사 연구에 관심이 있는 학생들의 모임인 플리니언 학회에 참여했고, 지식과 경험을 넓혀 줄 교수들과도 친분을 나누었지요.

방학이 끝날 무렵, 집으로 돌아온 다윈에게 아버지는 의사 대신 성직자가 되라고 했습니다. 아버지는 다윈이 에든버러에서도 학업에 열중하지 않는다는 것을 눈치 채고, 나중에 사냥이나 하며 무위도식하는 사람이 될까 봐 걱정했던 것입니다. 다윈은 이번에도 단호하게 거절하지 못하였습니다.

당시 성직자가 되기 위해서

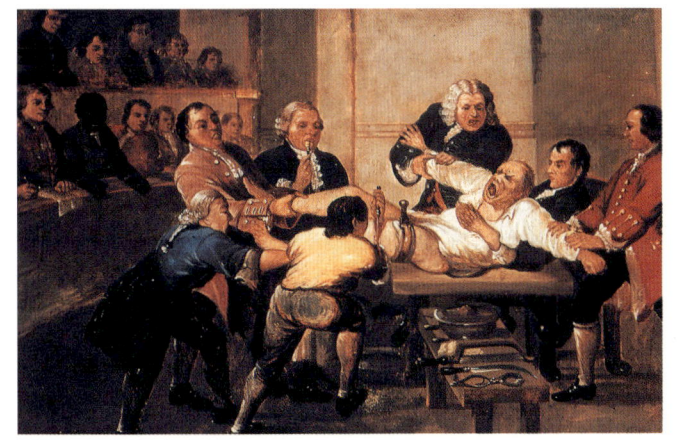

〈다리 절단〉이라는 제목의 이 그림은 18세기 작품이에요. 이 시대의 환자들이 얼마나 큰 고통을 겪었을지 짐작이 가지요?

는 옥스퍼드나 케임브리지에서 학위를 따야 했습니다. 다윈은 개인교사까지 두고 공부하여 1828년 초, 케임브리지 대학에 들어갔습니다. 하지만 이곳에서도 다윈은 신학 공부보다 자연사에 관심을 기울였습니다.

　케임브리지에 있는 동안 다윈이 가장 열성을 갖고 한 일은 딱정벌레를 수집하는 일이었습니다. 다윈이 딱정벌레 수집에 얼마나 몰두했는지를 보여 주는 일화가 있습니다.

　하루는 숲 속에서 보기 드문 딱정벌레 두 마리를 발견했습니다. 그래서 양손에 한 마리씩 잡았는데, 잠시 후에 또 다른 희귀한 딱정벌레가 눈에 띄었습니다. 그 딱정벌레를 놓치고 싶지 않았던 다윈은 고민 끝에 오른손에 들고 있던 딱정벌레를 입 안에 넣었습니다. 입 안에 조심히 넣어 가지고 갈 작정이었지요. 하지만 입 안에 넣는 순간 딱정벌레는 분비액을 내뿜었고, 금세 혀가 타는 듯한 고통이 밀려왔습니다. 다윈은 황급히 딱정벌레를 뱉어 냈고, 그 바람에 세 번째 딱정벌레까지 놓치고 말았답니다.

학문의 스승을 만나다

케임브리지 생활이 헛된 것만은 아니었습니다. 그곳에서 다윈의

> 나는 다윈에게 비글 호 항해에 참여해 보라고 권했어요. 또 다윈이 채집해서 보낸 표본들을 책임졌지요.

존 스티븐스 헨슬로(1796-1861)
영국의 식물학자·목사
식물학 교수였던 헨슬로는, 학생들에게 식물을 주고 직접 구조의 특징을 기록하게 하는 독특한 수업 방식을 썼습니다. 거기에 현장 조사와 흥미로운 강의까지 더해져, 식물학은 대중적인 학문이 되었습니다.

학문에 큰 영향을 끼칠 사람들을 만났기 때문입니다. 그 중 한 명이 케임브리지 대학에서 식물학을 가르치는 헨슬로 교수였습니다.

헨슬로 교수는 식물학, 곤충학, 화학, 광물학, 지질학 전반에 걸쳐 폭넓은 지식을 갖추었고, 관찰력도 뛰어났습니다. 그뿐 아니라 과학에 관심이 있는 학생들을 집으로 초대하여 함께 토론하는 것도 좋아했습니다. 다윈은 헨슬로 교수와 친해져서, 거의 매일 산책을 함께 하는 사이가 되었답니다. 다윈은 헨슬로 교수를 통해 자연을 관찰하는 힘을 키울 수 있었습니다. 나중에 다윈은 자신이 성공한 것은 헨슬로 교수 덕분이라고 말하기도 했지요.

케임브리지에서 만난 사람 중 다윈의 인생에 영향을 준 또 한 사람은 지질학을 가르치던 애덤 세지윅 교수였습니다. 케임브리지에서 보낸 마지막 해 여름, 다윈은 우연히 지질학 조사에 동행하게 됩니다. 세지윅 교수가 북웨일즈로 지질 탐사를 위한 여행을 계획하는데, 헨슬로 교수가 다윈을 추천한 것입니다. 다윈은 당시 지질학에 대해 아는 바가 없었기 때문에 세지윅 교수가 시키는 대로 바위 표본을 가져오거나 지도에 성층을 표시하는 간단한 일을 도와 주었습니다. 짧은 기간이었지만 이 지질 탐사는 훗날 다윈의 연구에 큰 도움을 주었지요.

탐사를 끝내고 집으로 돌아와 보니 헨슬로 교수의 편지가 와 있었습니다. 영국 해군 측량선인 비글 호의 선장이 함께 항해를 떠날 젊은 박물학자를 구하고 있다는 소식이었지요. 헨슬로 교수는 다윈이 이 항해에 동행하기를 바라고 있었습니다.

애덤 세지윅(1785-1873)
영국의 지질학자. 캄브리아기와 데본기라는 지질 연대를 처음으로 제창했습니다. 세지윅이 죽은 후에 그를 기념하는 지질학 박물관이 세워졌어요.

운명을 바꾼 비글 호 항해

다윈은 비글 호로 탐험을 떠날 생각에, 신나서 어쩔 줄을 몰랐습니다. 하지만 들뜬 기분도 잠시, 아버지의 완강한 반대에 부딪혔습니다. 항해를 하려면 경제적인 지원이 필요했기 때문에, 아버지가 찬성하지 않으면 성사될 수 없는 일이었습니다.

어쩔 수 없이 항해를 포기한 다윈은 울적한 마음을 달랠 겸 메이어에 있는 외가로 갔습니다. 자초지종을 들은 외삼촌은 조심스럽게 자신의 의견을 적어 다윈의 아버지에게 보냈습니다.

> 매형에게
>
> 매형은 제게 찰스를 잘 타일러서 그 항해를 포기하게 하라고 하셨지만, 제 생각은 다릅니다. 저는 이 항해가 성직자의 경력에 도움이 될 거라고 생각합니다. 자연사 연구가 성직자의 평판에 해를 끼칠 이유가 없습니다. 직접적인 관계는 없을지 모르지만, 찰스에게는 여러 문화와 자연을 접할 수 있는 소중한 기회를 누릴 자격이 있다고 생각합니다.

로버트 피츠로이(1805-1865)
해군장교이며 기상학자. 1828년 비글 호를 지휘해 2년간 남아메리카 해안을 답사했어요. 1831년 다시 다윈과 함께 항해에 나섰고, 돌아온 뒤에는 항해기 3권을 출판했습니다. 뉴질랜드 총독을 지냈으며, 은퇴 후에는 기상학을 연구해 기압계를 발명하기도 했어요.

편지를 읽은 다윈의 아버지는 결국 마음을 바꿨습니다. 다윈은 당장 런던으로 가서 비글 호의 함장인 피츠로이를 만났습니다. 나중에 안 일이지만, 피츠로이 함장은 처음 다윈의 얼굴을 보고는 거절하려고 했답니다. 먼 항해를 하기에는 결단력과 열의가 부족해 보이는 인상이었기 때문입니다. 하지만 다윈과 이야기를 하면서 자연사에 대한 해박한 지식과 열정에 반해 함께 떠나기로 결정합니다.

비글 호가 항해를 시작했을 때, 피츠로이는 스물여섯 살의 젊은 함장이었습니다. 독실한 기독교인이던 피츠로이 함장은 항해를 통해 신이 세상을 창조했다는 증거를 찾고 싶어했습니다.

피츠로이 함장은 자기 일에 열정적이고 용감하며 완벽주의적인 기질이 있었습니다. 하지만 뜻이 안 맞는 사람에게는 불쾌한 감정을 속이지 못하는 다혈질이었어요. 이런 성격 때문에 항해하는 동안 다윈과 여러 차례 서먹해지기도 했지요.

비글 호는 1831년 12월, 항해를 시작하였습니다. 처음에는 2년을 계획했지만, 완벽한 지도를 만들려는 피츠로이 함장의 뜻으로 5년 가까이 항해하게 됩니다. 비글 호가 육지에 머무르는 동안, 다윈은 그 부근의 지질을 탐사하고, 각 대륙에 서식하는 동식물을 조사하였습니다. 이때의 소중한 체험이 《종의 기원》의 토대가 되었습니다.

1836년 10월 4일, 5년간의 항해를 마친 다윈은 가족들이 기다리는 슈루즈버리에 도착했습니다. 그날부터 다윈은 여행기를 쓰고, 그동안 관찰한 과학적 성과를 정리하며 바쁜 나날을 보냈습니다. 또한 항해 중에 틈틈이 관찰한 지형에 관한 논문들을 학회에 발표하기도 했지요. 항해하는 동안 모든 내용을 꼼꼼히 기록해 두

엠마 웨지우드
다윈은 1839년, 사촌 엠마와 결혼했습니다. 엠마 덕분에 다윈은 연구에 몰두할 수 있었습니다.

었고, 식물이나 동물, 암석 같은 자료는 그때그때 포장하여 헨슬로 교수에게 보냈기 때문에 그다지 어려운 일은 아니었습니다.

그사이 다윈은 과학계에 이름이 알려져 있었습니다. 헨슬로 교수가 다윈이 항해 중에 보낸 편지를 적극적으로 발표했고, 표본들도 전시했기 때문입니다. 게다가 영국에 돌아와서 쓴 논문 덕분에 유명한 학자들과 교류할 기회도 넓어졌습니다. 지질학회 회원으로 선출되는 등 저명한 과학자로 인정받기 시작한 때도 이 시기부터입니다.

1839년 다윈은 어릴 때부터 잘 알던 사촌 엠마와 결혼했습니다. 이 무렵 왕립학회 회원 가입 신청도 받아들여져서 기쁨은 두 배가 되었습니다.

본격적인 과학자의 길을 걷다

비글 호 항해는 다윈의 연구에는 큰 도움이 되었지만 건강에는 씻을 수 없는 상처를 남겼습니다. 여행에서 돌아온 후로 다윈은 일생 동안 병으로 고통 받았습니다. 그래서 다윈과 엠마는 공기 좋은 시골에 보금자리를 마련했습니다. 다운이라는 마을에 있다 해

아는것이 힘!

동식물의 분류

생물을 분류하는 체계를 처음 고안한 사람은 스웨덴의 식물학자인 린네(Carl von Linne 1707-1778)입니다. 린네는 공통점이 많은 비슷한 종들을 모아 조금 큰 단위인 속(屬)으로 묶고, 몇 개의 속을 묶어서 과(科)를 만들었습니다. 그리고 계속해서 과 위에 강(綱), 문(門), 계(界)로 이어지는 분류 단계를 만들었지요.

또한 린네는 생물에 이름을 붙이는 방법도 만들어 냈습니다. 종의 이름과 속의 이름을 라틴 어로 표기하는 방식이었죠. 예를 들어, 사람의 종명은 호모 사피엔스(Homo sapiens)입니다. 대문자로 시작하는 호모는 사람속을 나타내고, 사피엔스는 사람속에 포함된 사람종을 나타냅니다. 이렇게 두 개의 이름으로 종을 표기했기 때문에 이 방식을 이명법(二名法)이라고 합니다.

린네

서 '다운 하우스'라 불리는 이 집은 《종의 기원》이 탄생한 역사적 장소이기도 합니다.

안정을 찾은 다윈은 연구와 저술에 전념하였습니다. 1839년 《비글 호 항해기》가 나왔습니다. 피츠로이 선장의 탐험기와 다른 선원들이 쓴 책이 이미 나온 뒤였지만, 과학적 지식과 재미가 가득한 다윈의 책은 좋은 평을 받았습니다. 용기를 얻은 다윈은 더

알프레드 월리스(1823-1913)
아마존을 답사하고 1850년대에는 말레이 제도에서 동물 표본을 만들며 8년간 머물렀습니다. 그때 열병을 앓다가 맬서스의 《인구론》을 읽고 영감을 받아 〈변종이 본래의 형에서 나와 무한히 떨어져 나가는 경향에 대하여〉라는 논문을 썼어요. 이 논문은 다윈의 글과 함께 발표되었지요. 독실한 신앙인이지만 진화론을 받아들여서 《다위니즘》이란 책을 쓰기도 했습니다.

욱 연구에 몰두하여, 3년 뒤 《산호초의 구조와 분포》를 펴냈으며, 2년 뒤인 1844년에는 《화산섬들》을 출간했습니다. 진정한 학구열과 성실함이 아니고서는 이룰 수 없는 성과지요. 또 그 사이 다윈은 진화론에 대한 생각을 하나하나 정리해 갔습니다.

다윈이 비글 호 탐험을 마친 해가 1836년이고 진화론에 대한 생각을 정리한 때가 1842년입니다. 그런데 《종의 기원》이 출간된 때는 1859년이죠. 책의 출판이 늦어진 데는 개인적인 사정이 있습니다. 독실한 신앙인인 아내 엠마의 마음을 아프게 하고 싶지 않았기 때문입니다.

출간이 늦어진 또 하나의 이유는, 1844년에 나온 《창조의 자연사적 흔적들》이라는 책 때문이었습니다. 그 책은 신이 지구를 직접 창조한 것이 아니라 환경적 요인에 의해 생물이 진화하는데, 이것은 미리 결정된 계획에 따라 진행된다고 주장했습니다. 그러나 증거가 철저하지 못했고 논리적인 비약도 심해 종교계뿐 아니라 과학계로부터도 신랄한 비난을 받았습니다. 그래서 다윈은 누구도 함부로 반박할 수 없을 정도로 완벽해지기 전까지는 책을 출간하지 않겠다고 결심했습니다. 하지만 더 이상 망설이고 있을 수만은 없는 일이 닥칩니다.

지구 저편에서 날아온 진화론

어느 날, 다윈이 진화론을 연구하고 있다는 말을 듣고 알프레드 월리스라는 사람이 자신의 논문을 보내왔습니다. 월리스는 읽어 보고 괜찮으면 라이엘 교수에게 전해 달라고 부탁했습니다. 라이엘은 《지질학 원리》의 저자로서 과학계에서 큰 영향력을 갖고 있었는데, 다윈은 비글 호 항해를 다녀온 뒤로 라이엘과 친하게 지내고 있었습니다.

그런데 논문을 읽어 본 다윈은 소스라치게 놀랐습니다. 자신이 20여 년간 연구해 온 자연선택 이론이 거의 똑같이 들어 있었기 때문입니다. 다윈은 고민에 빠졌습니다. 월리스의 논문을 받은 직후에 자신의 연구 내용을 발표하면 남의 논문을 가로챘다는 비난을 들을 것이 분명했습니다. 그러나 자신의 연구 성과가 물거품이 되는 걸 지켜보고만 있을 수도 없었지요.

다윈은 자신의 고민을 라이엘과 후커에게 털어놓았습니다. 그러자 두 사람은 다음 달에 열리는 린네 학회에서 다윈과 월리스 둘의 공동 이름으로 논문을 발표하라고 했습니다. 동남아시아에 있던 월리스는 논문이 다윈과 공동으로 발표되었다는 소식을 나중에 듣고 매우 만족해했습니다. 다윈이 오래 전부터 진화에 대해 연구한 사실을 알고 있었기 때문에 다윈이 자신의 이론을 표절했다는 의심을 하지 않았지요. 다윈도 그제서야 마음을 놓았습니다.

이때부터 다윈은 저술에만 매달렸습니다. 그리고 꼬박 15개월을 바쳐 마침내 책 한 권을 완성했습니다. 그것이 1859년 11월 세상에 나온 《종의 기원》입니다. 이 책은 초판이 하루 만에 다 팔렸고, 얼마 안 있어 전 유럽에서 뜨거운 논쟁을 불러일으켰습니다.

비글 호 탐사에서 돌아온 지 23년 만에 다윈은 자신의 연구 성과를 집대성한 책을 발표한 것입니다. 사실, 비글 호를 타고 떠난 5년간의 탐사 여행이 없었다면 《종의 기원》은 빛을 보지 못했을 것입니다.

다운 하우스
도심에서 떨어진 다운 하우스에서 다윈은 자연과 가까이 지내며 연구에 몰두했습니다.

3. 《종의 기원》을 낳은 비글 호 항해

해군 측량선 비글 호

찰스 다윈이 살던 시기는 영국이 세계 최강국으로 떠오르며 세계 곳곳에 식민지를 개척하던 때였습니다. 영국 사람들도 전 세계로 진출하고 있었지요. 그런데 이때는 파나마 운하*가 건설되기 전이라, 대서양에서 태평양으로 가는 모든 배는 남아메리카의 마젤란 해협을 통과해야 했습니다. 그 때문에 영국 해군은 마젤란 해협 일대의 수로를 탐사했는데, 비글 호는 바로 그 탐사선이었습니다.

1831년 12월 27일, 비글 호는 파타고니아와 티에라델푸에고 섬의 조사를 마무리하고 여러 중요 지역의 경도를 측정하기 위해

파나마 운하
남·북 아메리카 대륙 사이에 있는 운하로, 대서양과 태평양을 잇습니다. 1880년경 착공되어 1914년 완성되었습니다.

쌍돛대를 단 군함 비글 호는 길이 27미터, 무게 242톤이었어요.

영국을 출발했습니다. 당시 다윈의 나이는 스물두 살, 피츠로이 함장은 스물여섯 살이었답니다.

피츠로이 함장은 남아메리카 해안의 위치를 정확하게 측정하고, 태평양과 인도양을 거쳐 돌아오려면 2년 정도 걸릴 것이라 예상하였습니다. 하지만 실제로는 5년이란 긴 시간이 걸렸고, 다윈은 그 시간 동안 잊을 수 없는 경험을 하였습니다.

경이로운 대자연 속에서 지구의 비밀을 발견하다

다윈은 비글 호가 닻을 내릴 때마다 그곳의 온갖 생물과 지형을 탐

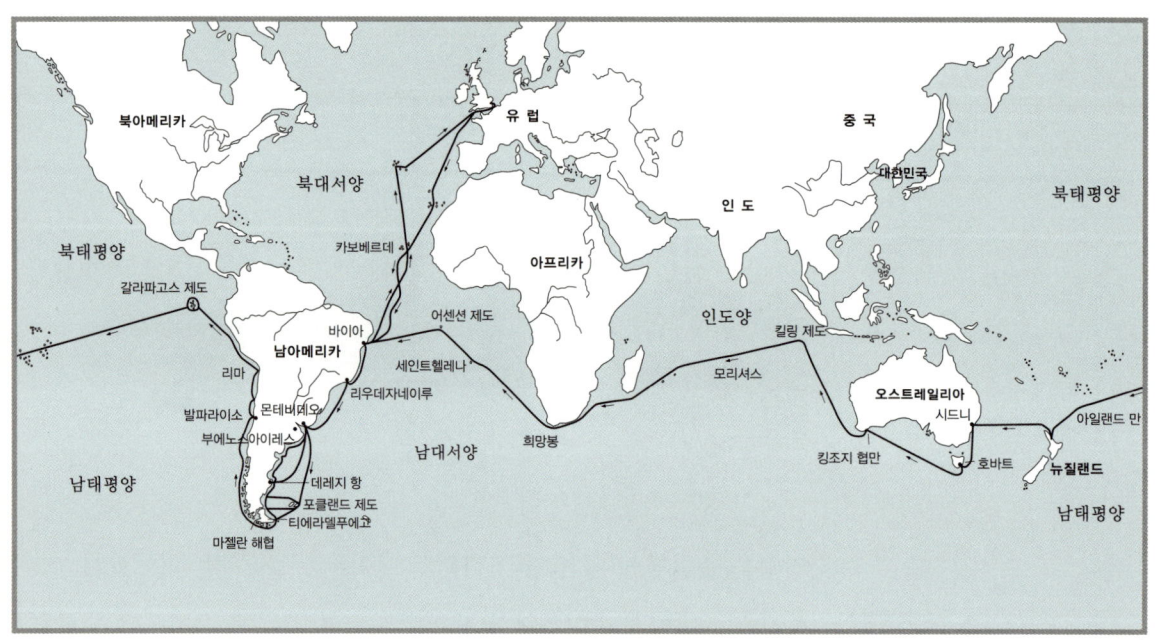

비글 호 항해 지도

5년간의 항해 동안 다윈이 배 안에서 보낸 시간은 18개월 정도라고 해요. 다윈은 대부분의 시간을 육지에서 지내며 끊임없이 관찰하고 연구했습니다. 또한 엄청나게 많은 자료도 수집할 수 있었지요. 영국으로 돌아올 때 다윈은 2천 쪽에 이르는 18권의 공책을 가져왔습니다. 비글 호 항해는 진화론이 탄생하는 데 결정적인 역할을 한 것입니다.

사하며 놀라운 경험을 했습니다. 브라질에서는 몸을 자르면 다시 두 개의 온전한 몸으로 변하는 와충류에 놀랐고, 우루과이와 아르헨티나에서는 지형과 생물을 관찰하는 데 몰두했습니다. 특히 여기서는 메가테리움, 메갈로닉스, 밀로돈 등의 거대한 화석을 발견하는 큰 성과를 거두었습니다. 다윈은 거대한 네발동물의 화석을 발견하고 기뻐 어쩔 줄 몰랐습니다.

파타고니아의 드넓은 대자연 풍경도 다윈을 감동시켰지요. 파타고니아는 아메리카 대륙 남쪽 끝 지역을 말하는데, 안데스 산맥이 파타고니아의 등뼈를 이루고 있습니다. 다윈 일행은 1833년 8월 11일, 처음으로 파타고니아 평원에서 노숙을 하였습니다. 다윈이 그날의 경험을 기록한 글에서는 흥분이 느껴집니다.

"가우초(아르헨티나와 우루과이의 대초원 지대에 살며 유목 생활을 하던 목동이나 마부)의 자유로운 생활은 정말 멋지다. 평원의 죽음 같은 적막함, 보초를 서는 개들……. 그 첫날밤의 풍경은 너무 인상적이어서 절대 잊혀지지 않을 것이다."

별이 빛나는 밤하늘을 보며 잠드는 것은 정말 멋진 경험이었겠

파타고니아 인디언들이 '톨도'라는 오두막에서 사는 모습

지요.

다윈은 처음에는 생물학보다 지질학에 더 관심이 많았습니다. 그래서 안데스 산맥의 생물들과 함께 지질도 조사하였습니다. 1835년 1월, 다윈은 비글 호에서 오소르노 화산이 폭발하는 것을 목격합니다. 커다란 바위와 불꽃이 하늘로 솟아오르는 모습을, 다윈은 흥분된 심정으로 지켜보았습니다.

그리고 몇 주 후, 비글 호가 발디비아에 정박해 있을 때 지진이 일어났습니다. 이때의 지진은 워낙 강해 발디비아에서 330킬로미터 정도 떨어진 콘셉시온도 큰 피해를 입었답니다. 다윈은 지진으로 무너진 동네와 큰 성당을 보면서 자연의 위력 앞에 인간이 얼마나 무력한가를 뼈저리게 느꼈습니다.

다윈은 여러 지역의 지질을 살펴보면서 화산 폭발, 지진, 땅의 융기는 한 차례만 있는 것이 아니라 여러 번 되풀이된다는 사실을 깨달았습니다.

지진 피해를 입은 콘셉시온

안데스 산맥
지구상에서 가장 장엄한 지형으로 꼽히는데, 남아메리카의 7개국에 걸쳐 뻗어 있지요.

습곡
지층이 물결처럼 주름 지는 현상.

단층
지각변동으로 지층이 갈라져 어긋나는 지형.

또 지진과 화산 폭발이 잦은 것으로 보아, 안데스 지역은 최근에 이루어진 지형이라는 판단을 내렸습니다. 계곡 양쪽에 흔적이 남아 있는 자갈과 모래는, 과거에 그 계곡을 채웠으나 산맥이 융기하면서 내려가 지금은 계곡의 양편에만 남아 있는 것이라고 생각했습니다.

다윈은 이렇게 지질을 둘러보고 화석을 채집하면서, 지구의 역사가 교회에서 말하는 것보다 훨씬 더 길다는 사실을 깨닫습니다.

당시에 교회에서는 지구의 역사를 6천 년, 길어야 1만 년 정도로 보고 있었습니다. 하지만 다윈은 퇴적물이 쌓이고, 습곡*과 단층*이 생기고, 융기하고 침식하는 데 걸리는 시간이 당시 사람들의 생각과는 달리 엄청나게 길다는 것을 깨달았습니다. 물론 이런 생각들은 모두 성서에 어긋났고, 하느님에 대한 모독으로 여겨질 수 있다는 것을 다윈은 알고 있었지요.

진화론의 모태가 된 갈라파고스 제도

1835년 9월 15일, 비글 호는 드디어 갈라파고스 제도에 도착합니다. 갈라파고스 제도는 다윈이 진화론의 발상을 얻은 곳으로 유명하지요. 하지만 다윈은 이곳을 다녀간 지 2년이 지나서야 이 섬의 중요성을 깨달았답니다.

갈라파고스 제도는 열아홉 개의 섬으로 이루어져 있으며, 섬에는 높은 화산들이 있습니다. 또 절벽도 많아 황량한 느낌을 주지요. 그러나 해발 300미터 이상인 곳은 식물이 나고 자라는 데 좋은 환경을 갖추고 있습니다.

피츠로이 함장과 선원들이 갈라파고스 제도의 지도를 작성하는 동안, 다윈은 이곳의 생물을 관찰하고 채집하고 기록했습니다. 갈라파고스 제도에 서식하는 700여 종의 고등식물 중 약 40퍼센트는 그곳에서만 볼 수 있는 것들이었어요.

다윈은 그곳에서 새 26종을 채집했습니다. 그런데 그 새들 가운데 핀치 새 열세 종은 같은 속(屬)이면서 종(種)만 달랐습니다. 다윈은 채집한 식물과 핀치 새에 관한 보고서를 쓰는 과정에서 섬마다 특유한 토종이 있고, 특징이 있다는 것을 알게 되지요.

다윈은 또 갈라파고스황소거북과 도마뱀, 갈라파고스펭귄, 갈라파고스물개, 캘리포니아바다사자, 생쥐 그리고 여러 가지 식물

아는 것이 힘!

핀치 새

다윈핀치라고도 불리는 갈라파고스 핀치는 먹이의 종류에 따라 부리 모양이 다릅니다.

❶ 딱딱한 씨앗을 먹는 큰부리땅핀치

❷ 애벌레를 먹는 중간땅핀치

❸ 나무에 구멍을 파서 벌레를 잡아먹는 딱따구리핀치

❹ 곤충을 먹는 개개비핀치

들의 생태를 유심히 관찰합니다. 그리고 이런 동식물들과 남아메리카에서 보았던 지질 현상들을 종합한 결과, 성서와 다른 사실을 알게 되었습니다. 그것은 바로 이 세상의 수많은 생물들이 처음 '창조'된 모습을 그대로 유지하는 것이 아니라 변화한다는 것입니다.

갈라파고스 제도는 태평양에서 솟아오른 아주 젊은 섬이라 처음에는 아무런 생물도 없었을 것입니다. 그러므로 그곳에 있는 생물들은 모두 바깥에서 들어간 것으로 생각할 수 있습니다. 바람이나 해류에 실려 들어갔을 수도 있고, 다른 생물들에 실려 이동했을 수도 있겠지요.

그리고 이렇게 도착한 생물들은 섬의 환경에 적응하면서 조금씩 변했을 것입니다. 섬에 따라 핀치 새의 부리가 다양해졌고, 황소거북의 등도 조금씩 다르게 변했으며, 도마뱀의 생태에도 차이가 생겼을 것입니다.

하지만 이 섬에 들어온 동식물 가운데 새로운 환경에 적응하지 못한 것은 결국 멸종했겠지요. 다윈은 지구상의 모든 생물들은 원칙적으로 이 섬의 동식물과 비슷한 과정을 밟을 것이라고 추측했습니다.

아는것이 힘!

갈라파고스 제도에 사는 다양한 생물들

남아메리카에 있는 갈라파고스 제도는 19개의 섬과 암초들로 이루어져 있어요. 이곳에는 어마어마하게 큰 거북들이 많은데, '갈라파고스'란 이름도 거북을 뜻하는 에스파냐 어랍니다.

다윈 이후에도 많은 사람들이 갈라파고스에 관심을 기울였습니다. 특히 피터 그랜트와 로즈메리 그랜트 부부의 연구가 유명해요. 부부는 거의 30년 동안 1년에 3개월씩 섬에 머물면서 핀치 새의 진화 과정을 연구했어요. 그리고 그 결과를 《핀치의 부리》라는 책에 모두 담았습니다.

길이가 1미터가 넘는 갈라파고스황소거북

날지 못하는 새 가마우지

포유동물인 강치. 새끼를 낳으면 바다로 돌아가지요.

다윈이 '무시무시한 생물'이라고 표현한 바다이구아나. 바다에서 헤엄치는 특이한 도마뱀이지요.

4. 진화론을 완성하기까지

비글 호가 항해를 마치고 영국으로 돌아왔을 때, 다윈에게 남겨진 것은 770쪽의 일지, 지질학과 동물학에 관한 내용을 기록한 수많은 공책들, 수천 점의 새와 식물, 곤충과 암석 표본들이었습니다. 다윈은 각 분야 전문가들의 도움을 받아 자료들을 정리했습니다.

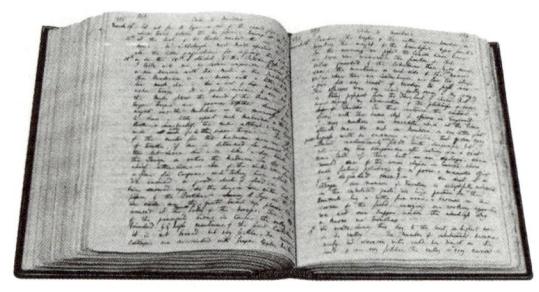

다윈이 깨알 같은 글씨로 써 내려간 《비글 호 항해기》 원고.

  그리고 항해 중에 기록한 내용을 기초로 《비글 호 항해기》를 펴냈습니다. 다윈의 항해기는 그동안 출간된 피츠로이 함장이나 다른 비글 호 선원들의 항해기보다 재밌고 유익하다는 찬사를 받았

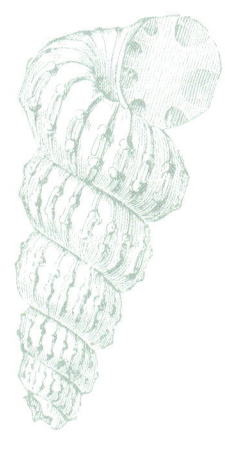

습니다. 다윈은 자신이 글을 써서 책을 냈다는 것도 신기했지만 그렇게 좋은 평까지 받자 자부심으로 가슴이 뿌듯했습니다. 이때 느낀 기쁨은 헨슬로에게 보낸 편지에 잘 드러나 있습니다.

"제가 여든 살이 되더라도 책을 썼다는 사실이 여전히 놀랍게 느껴질 것 같습니다. 제가 작가가 된다는 건 마치 천사가 된다는 얘기처럼 멀게만 여겨졌거든요."

생명의 기원을 찾기 위해 본격적인 연구를 시작하다

《비글 호 항해기》를 출간해 호평을 받았지만, 그 후에도 한 가지 목표가 다윈의 머릿속을 떠나지 않았습니다. 그것은 종의 변화, 즉 진화의 비밀을 풀어야겠다는 생각이었죠. 다윈은 그동안 모은 자료와 과학 서적들을 참조하며 종의 변화에 관한 연구를 본격적으로 시작합니다.

남아메리카에서 화석을 발견하면서 다윈은 종이 변하지 않는다는 사람들의 생각을 처음으로 의심하기 시작했습니다. 화석에 남아 있는 멸종 생물의 흔적이 현재 살아 있는 종과 비슷했기 때문입니다. 그래서 다윈은 지금 살아 있는 종이 옛날에 멸종된 종의 자손이 아닐까, 추측하게 됩니다.

시조새 화석(왼쪽)은 파충류가 조류로 진화했음을 보여 주는 증거입니다. 이 화석은 《종의 기원》이 나온 직후에 발견되었습니다. 앵무조개와 비슷한 암모나이트(오른쪽)는 암몬조개라고도 불립니다. 3억 9천만 년 전인 고생대부터 1억 년 전인 중생대 백악기에 많이 살았습니다.

갈라파고스 제도의 생물들도 다윈이 진화론을 형성하는 데 중요한 역할을 했습니다. 거북의 등껍데기가 섬마다 조금씩 차이가 있는 것, 또 같은 종의 새인데도 섬마다 다른 형태로 변형되었다는 것이 중요한 근거가 되었지요. 생명체가 환경에 따라 적응하면서 형태가 조금씩 변해 왔다고 확신한 다윈은 1837년 7월부터 진화에 관한 논문을 쓰기 시작합니다.

논문을 쓰기 위해서는 주장을 뒷받침할 만큼 충분한 표본이 있어야 했습니다. 또 진화를 설명하기 위해서는 동물학과 식물학뿐 아니라 지질학, 분류학, 통계학, 해부학 등 수많은 지식이 필요했습니다. 그래서 다윈은 여행가들과 과학자들에게 수백 통의 편지를 보내 필요한 자료를 부탁했습니다. 또한 연구 도중에 부딪히는 의문점들을 구체적으로 작성하여 긴 질문서를 보내기도 했습니다.

한편, 다윈은 진화가 일어나는 과정을 찾기 위해 직접 교배 실험을 해 보기도 했습니다. 빅토리아 시대 영국에서는 비둘기 교배가 유행해서, 애호가들은 각 품종에서 최고를 만들기 위해 경쟁했지요. 다윈은 비둘기 사육자들에게 묻고 연구하여, 이런 인위적인 교배를 통해 하나의 조상에서 여러 가지 종이 나타난다는 사실을 알게 되었습니다.

'하지만 야생에서 사는 동물들에게 자연적으로 일어나는 변화는 어떻게 된 것일까? 자연계에서 변화를 일으키는 주체는 무엇이란 말인가?'

한동안 다윈은 이 문제를 끌어안고 고민에 빠집니다. 그러다가 1838년, 다윈은 우연히 구원의 손길을 만나게 됩니다.

맬서스의 《인구론》에서 실마리를 찾다

진화론을 완성하기 위해 분야를 가리지 않고 자료를 찾던 다윈은 어느 날 《인구론》이라는 책을 읽게 됩니다. 성공회 주교이자 경제학자인 토머스 맬서스가 쓴 책이지요. 이 책에서 맬서스는 거의 모든 생물들은 생존할 수 있는 수보다 훨씬 더 많은 자손을 낳는다는 사실을 지적합니다. 예를 들면 물고기는 한 번에 수십만 개의 알을 낳지만, 그 가운데 살아남는 것은 얼마 되지 않는다는 것이지요. 이유는 바로 먹이를 비롯한 자원이 부족하기 때문입니다. 맬서스는 인간 사회도 마찬가지라고 생각했습니다. 인간이 무제한적으로 늘어나면 무자비한 생존투쟁이 벌어진다는 것입니다.

다윈은 야생 동식물의 변이가 왜 일어나는지에 대한 해답을 맬서스의 이론에서 발견했습니다. 자연에서의 끊임없는 생존투쟁, 이것이 수수께끼를 푸는 실마리였습니다.

"다른 개체보다 생존에 더 유리한 개체들은 살아남아 자손을 남기고, 불리한 개체들은 빨리 사라지기 때문에 자손을 남길 기회도 적다. 유리한 개체들의 유리한 형질을 물려받은 자손들은 다음 세대에게 다시 그것을 물려준다. 그리고 이런 과정이 계속되면서 몇 세대 후에는 유리한 형질을 가진 독립된 종이 되는 것이다."

이것이 다윈이 내린 결론입니다. 다윈은 이런 과정을 '자연선택'이라 불렀습니다. 사람들이 집에서 동식물을 인위적으로 교배해서 품종을 개량하는 '인공선택'에 대비되는 개념이지요.

다윈은 진화론에 확신을 갖고 있었지만, 자신이 정식 박물학자가 아니라는 점 때문에 옳은 이론도 제대로 인정받지 못할까 봐 걱정했습니다. 그래서 자신의 전문성을 보여 주기 위해 해양 갑각류

맬서스
영국의 경제학자인 맬서스(1766-1834)는 빈곤과 범죄는 인구가 많아서 생기므로 출산율을 낮춰 인구를 감소시켜야 한다고 주장했습니다.

인 따개비를 연구했습니다. 이것을 철저히 연구하면 전문가로서 인정을 받을 것이고, 그렇다면 《종의 기원》을 둘러싼 논쟁에서 훨씬 유리한 고지를 차지할 것이라고 생각한 것입니다.

애초에는 논문 한 편을 쓸 정도만 연구할 생각이었지만, 완벽주의적인 성격 탓에 예상보다 훨씬 더 오랜 시간이 걸렸습니다. 분류를 하다 보니 끝이 없었던 것입니다. 연구를 마무리하는 데는 장장 8년이 걸렸고, 이것은 1천 쪽에 달하는 책으로 정리되었습니다. 그 책으로 다윈은 따개비의 세계적인 권위자로 이름을 떨치게 됩니다. 그리고 다윈이 쓴 따개비 책은 지금도 이 분야의 주요 저작으로 손꼽히고 있답니다.

다윈이 연구하면서 그린 따개비의 해부도

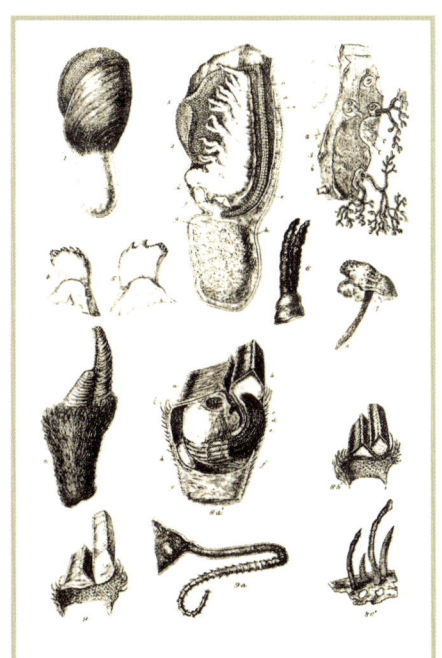

드디어 《종의 기원》이 세상에 나오다

월리스의 논문을 계기로 다윈은 저술을 서두르게 되었고, 결국 일반인도 쉽게 이해할 수 있을 정도의 그리 두껍지 않은 책을 펴냈습니다. 이때가 1859년 11월입니다.

《종의 기원》이 출간되자 예상한 대로 과학자들뿐 아니라 일반인들 사이에서도 열띤 논란이 벌어졌습니다. 반대가 만만치 않을 거라 예상은 했지만, 스승이자 동료인 찰스 라이엘까지 이 책을 비판했다는 말을 듣고 다윈은 실망을 감출 수가 없었습니다. 다윈은 라이엘이 쓴 《지질학 원리》를 읽으며 자연과학에 대한 열정을 키웠고, 진화 이론을 세우는 동안 라이엘에게서 많은 격려를 받았기 때문입니다. 사실 라이엘은 다윈의 진화론과 자연선택설이 옳다고 믿었지만, 공개 석상에서 그것을 밝힐 정도로 용감하지는 못했습니다.

다윈을 가르쳤던 세지윅과 헨슬로 교수도 자연선택설을 비판했습니다. 성직자였던 두 사람은 신의 의지와 무관하게 생명이 진화한다는 주장을 받아들일 수 없었지요. 대다수의 종교인들이 《종의 기원》에 반발한 것은 예상한 대로였습니다. 성직자들은 진화론 때문에 성서의 창조설이 부정되면 사람들은 성서의 다른 내용까지 의심할 것이고, 결국 성서의 도덕적 권위가 떨어져 사회가 타락할 것이라며 불안해했습니다.*

물론 모든 성직자가 다윈의 주장에 반발한 것은 아닙니다. 저명한 신부이자 작가인 찰스 킹즐리는 다윈에게 보낸 편지에서 "하느님은 만물을 창조하셨고, 그 만물에게 스스로 발전할 수 있는 능력도 부여하셨다."고 말했습니다. 이처럼 자신의 신앙을 저버리지 않으면서도 다윈의 진화론을 지지하는 기독교인의 수도 점차 많아졌습니다.

*가톨릭 교회가 진화론을 공식적으로 인정한 것은 1996년 요한 바오로 2세 때입니다.

아는것이힘!

흔적기관을 찾아봅시다

흔적기관이란 어떤 동물의 조상에게는 필요했으나 환경이나 생활 양식이 달라지면서 점차 퇴화되어 그 흔적만 남아 있는 기관을 말합니다. 그러면 흔적기관에는 어떤 것들이 있는지 알아볼까요.

뱀의 뒷다리
뱀은 다리가 넷인 파충류의 후손으로 알려져 있지요. 대부분의 비단뱀은 피부 아래에 흔적기관으로 추측되는 골반이 숨겨져 있습니다. 또 일부 도마뱀도 밖에서는 보이지 않고 기능도 없는 다리를 피부 아래에 가지고 있답니다.

말의 발가락
북아메리카에서 발견된 말의 화석을 보면, 약 6,000만 년 전의 말의 조상은 앞발가락이 네 개이고 뒷발가락이 세 개였답니다. 그 후 가운뎃 발가락이 점점 발달하고 다른 발가락은 퇴화되었어요. 그래서 현재의 말은 커다란 발가락이 하나만 남아 있지요.

장님 동굴고기의 눈
장님동굴고기는 빛이 없는 깜깜한 곳에서 살고 있습니다. 앞을 볼 필요가 없으니 눈도 필요가 없겠지요? 그런데도 이 물고기는 렌즈를 포함하여, 퇴화한 망막, 퇴화한 시신경과 눈의 공막을 가지고 있습니다.

타조의 날개

인간의 사랑니
인류의 조상들은 지금보다 어금니가 더 많았다고 합니다. 그 후 문명이 발달하면서 치아의 기능도 줄어들고 그에 따라 두 번째 어금니까지만 쓰이게 되었습니다. 하지만 지금도 세 번째 어금니인 사랑니가 나는 사람이 많습니다. 그리고 이 사랑니의 3분의 1은 기형이거나 비뚤어지게 납니다.

타조는 날개가 있지만 날지는 못합니다. 이는 타조가 지상 생활에 적응하면서 날 필요가 없어졌기 때문인 것으로 추측됩니다.

흔적기관은 동물들의 구조나 화석 등의 자료를 통해 아주 오랜 옛날에는 그 기관들이 활발하게 사용됐을 거라고 추측할 뿐이지 100% 확신할 수는 없습니다. 진화는 아주 오랜 세월 동안 진행되기 때문에 사람들이 그 과정을 눈으로 볼 수 없으니까요.

5. 인류의 역사를 바꾼 《종의 기원》

진화론이 널리 인정받다

사실 진화론을 다윈이 처음으로 생각해 낸 것은 아닙니다. 가까이는 다윈의 할아버지인 에라스무스 다윈도 진화론에 관한 책을 펴냈으니까요. 하지만 다윈이 이전의 진화론자와 다른 점은, 그것을 증명할 충분한 자료와 증거물을 함께 제시했다는 것입니다.

편견 없이 열린 마음으로 《종의 기원》을 읽어 본 대다수의 과학자들과 일반인들은 다윈의 이론을 적극 지지하였습니다. 식물학자 조셉 후커와 미국의 에이서 그레이는 처음부터 다윈의 이론을 지지했고, 동물학자 토머스 헉슬리는 처음에는 미심쩍어했지만 나중에는 적극적으로 지지했습니다. 더 나아가 진화론을 알릴 수 있는 기회가 있으면 항상 다윈을 대신하여 논쟁에 나섰지요. 그래서 나중에는 '다윈의 불도그'라는 별명까지 얻게 됩니다.

1860년 6월, 《종의 기원》을 둘러싼 유명한 사건이 일어납니다. 옥스퍼드에서 열린 '영국 고등과학협회' 회의에서 윌버포스 주교가 진화론을 반박하는 연설을 하기로 한 것입니다. 윌버포스는 유창한 말솜씨와 재치를 무기로 진화론을 맹렬히 공격하던 종교계의 대표 주자였습니다. 몸이 아픈 다윈을 대신하여 헉슬리와 후커가 나섰습니다. 이날 역사적인 논쟁을 지켜보기 위해 700명이 넘는 사람들이 몰려들었습니다.

드디어 윌버포스가 연단에 올라섰습니다. 윌버포스는 유창한 말솜씨로, 다윈의 책은 허황된 가설을 바탕으로 하고 있다고 호되게 비판했습니다. 하지만 윌버포스는 《종의 기원》을 제대로 읽지도 않은 채 감정을 앞세워 비난했을 뿐이었지요. 연설을 마친 후 윌버포스는 의기양양한 태도로 헉슬리를 향해 질문을 던졌습니다.

"당신이 원숭이의 자손이라면, 그 원숭이는 할아버지 쪽이오 할머니 쪽이오?"

헉슬리는 자리에서 일어서서 이렇게 맞받아쳤답니다.

"진지한 과학 논쟁을 웃음거리로 만드는 인간보다는 차라리 원

나, 토머스 헉슬리는 진화론의 열렬한 전파자였지요.

토머스 헉슬리(1825-1895)
해군 군의관으로 항해하면서 해파리를 연구해 유명해졌습니다. 네안데르탈인의 화석을 연구하여 다윈이 밝히지 못한 인간 진화 과정을 밝히는 데 기여했습니다.

숭이를 조상으로 두는 쪽을 택하겠소."

강당은 웃음바다가 되었습니다. 헉슬리는 주교와 불꽃 튀는 언쟁을 벌이며 다윈을 옹호했고, 후커는 차분하고 진지하게 진화론을 설명했습니다.

이 무렵 다윈은 아들을 병으로 잃고 정신적으로 몹시 힘겨운 상황이었습니다. 하지만 다윈 대신 영국에서는 헉슬리와 후커가, 미국에서는 하버드 대학의 생물학자 에이서 그레이가, 또 독일에서는 동물학자인 에른스트 헤켈이 진화론을 열정적으로 전파했습니다.

이런 과학자들의 노력에 힘입어, 《종의 기원》이 발표된 지 20년이 지나면서 다윈은 일반인들에게도 존경할 만한 과학자로 인식됩니다. 그 사이 다윈은 자신의 주장을 고집하지 않고, 《종의 기원》에 대한 일부의 비판을 받아들여 부족한 점을 계속 수정했습니다. 지금 널리 읽히는 것은 여섯 번째 개정판이랍니다.

옥스퍼드 주교인 새뮤얼 윌버포스는 진화론 반대에 열을 올렸습니다.

하늘은 스스로 돕는 자를 돕는다

《종의 기원》의 출판에는, 다윈을 믿고 후원한 아버지와 늘 곁에서 도운 엠마가 큰 힘이 되었습니다. 또한 헨슬로, 월리스, 라이엘, 후커, 헉슬리 등 동료 과학자들의 도움이 없었다면 다윈은 이 책을 완성하지 못했을지도 모릅니다.

하지만 《종의 기원》이 세상에 나온 것은 무엇보다도 다윈의 빈틈없는 성격과 지적 능력 덕분일 것입니다. 다윈은 다른 사람이 깨닫지 못하는 것을 보는 데 비상한 능력이 있었습니다. 이러한 능력은 다윈이 특별히 총명해서라기보다는, 확신을 얻을 때까지 포기하지 않고 연구하는 태도에서 나온 것입니다.

다윈의 말년 모습

다윈은 상대방이 비둘기 사육사든 교수든 가리지 않고 필요한 조언은 모두 받아들였고, 그 결과 어느 누구보다 좋은 정보들을 얻을 수 있었습니다. 또한 다윈은 자연 세계의 매력과 신비로움에 어린아이 같은 경이감을 잃지 않았으며, 평생에 걸쳐 애정을 가지고 연구를 계속했습니다.

수십 년 동안 병마와 싸우면서 작업했다는 것을 생각하면, 다윈이 남긴 자료들은 너무 방대하여 믿어지지 않을 정도입니다. "하늘은 스스로 돕는 자를 돕는다."라는 격언은 다윈에게 딱 맞는 말입니다. 어떤 어려움이 있어도 포기하지 않고 자신의 열정과 재능을 발휘했기에, 주위에서도 도움의 손길을 내밀며 지원해 주었던 것입니다.

《종의 기원》의 몇 가지 오류

19세기 말이 되면서 대부분의 과학자들은 진화를 인정합니다. 그러나 모든 내용을 전적으로 인정한 것은 아니었습니다. 다윈도 진화의 근본적인 작동 과정을 명확히 설명하지 못했기 때문입니다.

특히 유전에 관한 문제가 다윈을 괴롭혔지요. 그런데 같은 시대에 멘델이라는 사람이 유전에 관한 획기적인 논문을 발표했습니다. 하지만 그 논문은 과학계의 주목을 받지 못했고, 다윈도 그 논문을 읽지 않았던 것으로 보입니다. 어쩌면 《종의 기원》이 훨씬 더 완전해질 수 있었는데 안타까운 일이지요.

어쨌든 다윈은 부모의 형질이 자식에게 어떻게 전달되는지를 나름대로 추측해서 이렇게 설명했습니다.

"사람의 몸 전체에 퍼져 있는 세포에는 조그만 입자가 있는데, 이 입자가 사람의 형질을 다음 세대에 전달한다. '제뮬(gemmule)'

다윈이 나를 만났더라면 좀 더 완성된 이론을 발표할 수 있었을 텐데······.

그레고르 멘델(1822-1884)
오스트리아의 성직자였던 멘델은 수도원 뜰에서 완두콩으로 유전 실험을 했어요. 7년 만에 '멘델의 법칙'을 발견했지만 과학계의 주목을 끌지 못했습니다. 죽은 뒤에야 업적을 인정받았고, 지금은 유전학의 창시자로 꼽힙니다.

이라 불리는 이 미세한 입자들은 수십억씩 떼를 지어 생식 기관으로 이동한 후, 정자나 난자에 축적된다. 수정되면 부모의 제뮬이 합쳐진다. 각각의 입자는 부모의 몸 각 부분에서 왔기 때문에, 이들은 결합하여 부모 모두의 특징을 가진 새로운 인간을 만들어 낸다."

 이 이론을 '융합유전'이라고 하는데, 이에 따르면 부모의 형질이 합해져서 그 중간 형질이 자식에게 나타난다는 것입니다. 그렇게 되면 검은 머리인 아버지와 금발인 어머니가 결혼하면 자식은 모두 중간인 갈색의 머리카락을 가지고 태어나야 할 것입니다. 그런데 실제론 그렇지 않지요?

 이와 관련한 오류가 또 있습니다. 생물 개체 간의 변이가 어떻게 생기는가에 대해서, 다윈은 라마르크의 '획득형질 유전론'을 일부 받아들여 설명합니다. 이것은 생물이 환경에 적응하기 위해 일생 동안 획득한 형질이 다음 대에 유전된다는 이론이죠. 예를 들어 키 큰 나무의 나뭇잎을 따먹기 위해 기린은 목을 위쪽으로 길게 뻗으면서 목이 길어졌고, 이 기린에게서는 목이 긴 자식이 태어난다는 것입니다.

 만약 획득형질이 유전된다면 어떤 일이 벌어질까요? 원래 달리기를 못했던 사람이 날마다 열심히 연습해서 달리기를 잘하게 되었다고 합시다. 획득형질이 유전된다면 이 사람이 결혼해서 낳은

자주 쓰면 발달한다? - 라마르크의 용불용설

프랑스의 진화론자 라마르크(1744-1829)는 자연발생설과 용불용설을 주장한 것으로 유명합니다. 라마르크는 귀족 가문 출신으로 은행원이 되었다가, 식물원을 보고 감명을 받아 박물학자가 되었답니다.

라마르크는 1809년 《동물 철학》에서 용불용설을 주장했어요. 기린이 높이 달린 나뭇잎을 먹느라 목이 길어진 것처럼, 자주 쓰는 기관은 발달하고 쓰지 않으면 퇴화한다는 게 용불용설이에요.

하지만 용불용설은 후손에게 유전되지 않으므로 받아들여지지 않았어요. 기린의 목이 긴 것은 그런 유전자를 타고났기 때문이지, 자주 써서 그렇게 된 건 아니랍니다. 그렇지만 유전은 되지 않아도 개체가 살아 있는 당대에는 용불용설이 맞는 면도 있어요. 근육은 쓰지 않으면 굳고, 뇌는 쓰면 쓸수록 좋아지니까요.

아이는 선천적으로 달리기를 잘해야 합니다. 또한 햇볕에 많이 그을린 사람은 그 자식도 그렇게 그을린 채로 태어나야 합니다. 하지만 그렇게 되지는 않지요. 획득형질은 유전자에 영향을 주지 않으므로 다음 세대에는 전달되지 않기 때문입니다. 이 이론은 후에 유전학이 발전하면서 틀린 것으로 판명되었습니다.

멘델의 유전 법칙

다윈이 설명한 융합유전은 반대파들에게 공격의 빌미를 주었습니다. 앞에서 얘기했듯이, 다윈이 유전 문제로 머리를 싸매고 있을 무렵 오스트리아의 한 수도원에서는 멘델이라는 사람이 식물의 교배 실험을 통해 이 문제를 연구하고 있었습니다.

당시의 과학자들은 대부분 부모의 형질이 자식들에게 가서 섞인다고 생각했습니다. 하지만 멘델의 생각은 달랐지요. 부모의 형질은 자식에게 전해지지만, 형질이 혼합되는 것은 아니라고 생각했던 것입니다.

이것을 증명하기 위해 멘델은 완두콩의 여러 가지 품종을 모아 수천 번의 실험을 합니다. 그 결과, 형질은 혼합되는 것이 아니라 각자 온전하게 보존되어 유전된다는 놀라운 사실을 확신하게 되지요.

형질이 자손들에게 배분되는 방식은 우성과 열성에 의해 좌우되는데, 우성 형질은 1세대의 자손 모두와 2세대의 자손 4분의 3에게 나타납니다. 예를 들어, 키 큰 완두와 키 작은

멘델이 완두콩 실험을 했던 수도원의 정원. 멘델은 2만 번이 넘는 실험으로 유전 법칙을 발견했습니다.

완두를 교배했을 때 우성 형질은 큰 키인데, 이 경우 1세대 자손은 모두 큰 키입니다. 그리고 이 키 큰 1세대 완두를 서로 교배한 2세대 자손의 4분의 3은 큰 키, 4분의 1은 작은 키로 나타나는 거지요.

멘델은 이런 결과를 소규모 학술지에 발표했지만 별 관심을 끌지 못했습니다. 게다가 멘델이 죽은 뒤에 노트와 논문들은 모두 폐기되었지요. 그러다가 1900년경, 유전 문제를 연구하던 몇몇 과학자들이 멘델의 논문을 접하고, 그 연구 방식을 따르기 시작합니다. 그리고 한 생물의 몸을 이루는 모든 세포에는 같은 수의 염색체가 들어 있고, 그 염색체 속에는 형질을 결정하는 유전자가 들어 있다는 사실을 밝혀냅니다.

암수가 구분되는 생물들의 염색체 수는 모두 짝수입니다. 예를 들어 사람은 염색체가 46개인데, 그 가운데 23개는 어머니에게서, 나머지 23개는 아버지에게서 받지요. 그리고 이 염색체를 전달해 주는 것은 정자와 난자입니다. 이 사실이 밝혀진 뒤 유전학은 나날이 발전하여, 지금은 인체의 염색체 구조를 완벽하게 알아내기 위한 인간 게놈 사업으로 이어지고 있습니다.

아는 것이 힘!

인간 게놈 사업이 뭐예요?

게놈(genome)은 유전자(gene)와 염색체(chromosome)를 합성해 만든 말이에요. 생물종은 저마다 고유한 유전 정보를 갖고 있는데, 그게 바로 게놈이에요.

인간 게놈 사업이란 인체의 모든 유전 정보를 밝혀내려는 유전자 해독 작업을 가리킵니다. 이렇게 해서 인간의 유전자 지도가 완성되면, 고치지 못하는 많은 난치병을 치료할 수 있을 거예요.

하지만 문제점도 만만치 않아요. 인간을 기계처럼 복제하고, 좋은 유전자만 골라 맞춤아기를 낳는다고 생각해 보세요. 얼마나 무서운 일입니까? 1996년 복제 양 돌리가 태어나면서 이런 문제를 걱정하는 목소리도 더욱 커졌습니다. 그래서 이듬해 유네스코에서는 '인간 게놈과 인권에 관한 국제 선언'을 채택했어요. 인간 게놈 사업을 모두에게 행복한 방향으로 이끌기 위해서는 이런 우리들의 노력이 더 많이 있어야겠습니다.

유전자의 본체를 이루는 DNA

《종의 기원》, 그 이후

다윈의 진화론이 인정을 받으면서, 진화론을 인간 사회에 적용하려는 시도도 나타났습니다. 영국의 철학자 허버트 스펜서는 인간도 자연의 동식물과 마찬가지로 생존경쟁을 해 왔으며, 그 과정에서 우수한 경쟁자들이 살아남아 인류의 질이 계속 향상되었다고 보았습니다. 그리고 개인과 마찬가지로 사회 역시 이런 방식으로 진화한다고 주장했습니다.

'사회진화론'은 스펜서의 이런 생각을 체계화한 이론입니다. 이 이론에 따르면, 생물이 진화하듯이 사회도 단순한 것에서 복잡한 것으로 진화하며, 진화의 원동력은 자연도태와 유사한 사회도태라고 합니다. 따라서 부유한 사람은 경쟁에서 우수함을 증명한 사람이고, 가난한 사람은 인간 사회에서 도태된 무능력자인데, 국가가 나서서 이 자연스러운 과정에 개입하는 것은 사회 발전을 가로막는 조치라고 했습니다.

당시는 제국주의*가 번성할 때였고, 영국은 그중에서도 가장 선두에 서서 식민지를 개척하고 있었지요. 제국주의자들은 자기들 입맛에 맞는 사회진화론을 내세우며, 치열한 생존경쟁을 뚫고 이룬 성공은 정당하다고 주장하였습니다. 또 유럽 인들이 신체적, 정신적, 도덕적으로 다른 인종보다 우월하기 때문에 다른 인종을 정복하고 다스리는 것은 당연한 권리라고 여겼습니다. 1930년대 독일의 히틀러는 이러한 주장에 영향을 받아서, 유대 인과 유색인들을 수백만 명이나 죽음으로 내몰았지요.

만약, 자신의 이론이 이처럼 사회의 불평등과 착취를 옹호하는 데 악용될 줄 알았다면 다윈은 진화론을 연구하지도, 발표하지도 않았을 것입니다. 다윈은 정확한 관찰과 증거 자료에 기초해서만

*제국주의란 다른 국가의 영토를 침략하거나, 정치적·경제적 통제권을 빼앗아 지배하려는 국가 정책을 말합니다.

히틀러는 인종의 성격은 유전적으로 확정되어 변하지 않으므로 열등한 인종을 멸종시켜야 한다고 했어요. 그 때문에 죄없는 유대 인 527만여 명이 학살당했습니다.

자신의 주장을 펼친 철저한 과학자였습니다. 그러니 증거자료도 없는 허황한 '사회진화론'과 자신을 연관시킨다면 몹시 불쾌했겠지요.

오늘날에도 다윈의 진화론은 새로운 연구 결과에 의해 수정되고 있습니다. 제국주의자와 독재자들이 진화론을 악용한 역사가 반복되지 않도록 보완하는 노력도 계속되고 있지요. 진화론은 이렇게 진화를 거듭하며 우리를 진화시키고 있는 셈입니다.

제 2 부

생명의 신비를 밝힌
진화 이야기

제 2부의 본문은 《종의 기원》 여섯 번째 개정판에 기초한 것입니다.

1장
사육과 재배에서 생기는 변이, 자연 상태에서 생기는 변이

생물은 새로운 환경에 놓이면 여러 세대를 거치면서 상당한 변이를 일으킨다. 집에서 키우는 오리의 경우, 야생 오리보다 날개뼈가 가볍고 다리뼈는 더 무겁다. 사육된 오리는 조상인 야생 오리에 비해 덜 날고, 많이 걸었기 때문일 것이다. 또 어떤 나라에서는 사육 짐승들의 귀가 모두 늘어져 있는데, 이것은 동물들이 갑자기 놀랄 일이 거의 없어 귀 근육을 사용하지 않았기 때문인 것 같다. 이렇게 바뀐 습성으로 인해 동물이 어떤 기관을 계속 사용하거나 계속 사용하지 않게 되면 몸의 구조도 변하며, 이 변화된 구조는 자손에게 유전된다.*

*자주 쓰는 기관은 발달하고 잘 쓰이지 않는 기관은 퇴화하여 이것이 자손에게 유전된다는 이론을 용불용설이라 한다. 하지만 용불용설 이론은 후에 오류로 밝혀졌다.

자식은 부모의 형질을 물려받는다

유전이 어떤 과정을 따라 일어나는지는 거의 알려져 있지 않다. 확실한 것은 자식은 부모의 형질을 물려받는다는 것뿐이다. 왜 똑같은 특성이 어떤 경우에는 유전되고 어떤 경우에는 유전되지 않는지, 또 먼 윗세대에 있었던 특징이 부모에게는 나타나지 않다가 왜 갑자기 자식에게 나타나는지, 왜 부모 중 한쪽의 특성이 자식의 한쪽 성에만 나타나는지, 이런 문제에 대해 설명할 수 있는 사람은 현재 아무도 없다.

야생 상태의 동식물이 같은 종에서도 조금씩 다르듯이, 사람이 기르는 동식물도 같은 종에서 약간의 차이를 보인다. 그 차이만 보고 그것들이 하나의 조상종에서 유래했는지, 아니면 여러 조상종에서 각각 유래했는지 명확히 판단하기는 어렵다. 아마 우리가 사육하는 가축들의 기원은 대부분 영원히 밝혀지지 않을 것이다.

나는 사육 비둘기를 이용하여 이 문제를 좀 더 연구하기로 했다. 그래서 구할 수 있는 비둘기는 어떤 품종*이든 다 길러 보았다. 비둘기는 놀랄 정도로 품종이 다양하다. 여러 품종들을 놓고 골격을 비교해 보면 특히 얼굴뼈에서 크게 차이가 난다. 또 등뼈의 수와 갈비뼈 수도 다르며, 꼬리 깃털 수, 날개와 꼬리의 길이, 다리와 발의 길이 등도 형태가 다양했다. 알의 모양과 크

품종: 자연 상태의 동식물을 인간이 기르는 과정에서 원하는 방향으로 개량한 것을 말한다.

1864년 런던 비둘기 클럽의 전시회에서 입선한 애완 비둘기 품종들

기, 비행하는 방식에도 차이가 있으며, 어떤 품종은 울음소리도 다르다. 깃털이 완전히 나는 시기도 다르고, 품종에 따라 암컷과 수컷이 다른 경우도 있다.

만약 이 여러 품종의 비둘기를 조류학자에게 들새라며 보여 준다면 그 학자는 분명히 그것을 들새라 착각하고, 20가지 정도는 자신 있게 분류까지 해줄 것이다. 또한 영국의 전서비둘기, 짧은얼굴공중제비비둘기, 깃가지비둘기, 공작비둘기가 같은 속에 속한다는 생각은 아예 못할 것이다.

비둘기는 이렇게 품종에 따라 차이가 많이 나지만 야생 들비둘기와 비교해 본 결과, 이 비둘기들은 모두 들비둘기인 콜롬바리비아에서 유래한 것으로 확신하게 되었다.

사육 재배 품종은 사람의 뜻대로 변화한다

사육 재배된 동식물 품종의 가장 뚜렷한 특징은, 동식물 자신의 이익이 아니라 사람의 용도와 기호에 맞게 변화해 왔다는 것이다.

사람에게 유리한 변이가 어느 날 갑자기 나타난 경우도 있을 것이다. 하지만 짐 운반용 말과 경주용 말, 털의 용도가 제각기 다른 양들, 인간에게 유익하게 쓰이는 수많은 농작물, 야생의 것보다 훨씬 아름다운 화초를 생각해 보자. 이 모든 것이 어느 날 갑자기 인간에게 유리하게 변이되었다고 보기는 힘들다. 그렇다면 변화를 일으킨 주인공은 인간일 것이다. 자연이 끊임없이 동식물에 변이를 일으키고, 인간은 그 변이를 자신에게 유익한 방향으로 이용한 것이다.

예를 들어 새로운 품종의 양을 만들 때, 사육사는 몇 개월 간격으로 세 번에 걸쳐 양들을 세밀히 조사한다. 그리고 그때마다 등급을 매겨 양들을 분류한 다음, 최종적으로 가장 좋은 품종을 가려낸다. 양의 유용한 특성들을 가려내어 그것을 유전시키는 이 과정은 특별한 교육을 받고 경험이 많은 사람만이 할 수 있다.

이런 식으로 품종을 개량한 예는 식물에서도 찾아볼 수 있다. 구즈베리 열매가 점차 커져 가는 것이 그 예다. 화초 재배자들이 키우는 삼색제비꽃, 장미, 달리아도 몇십 년 전에 그려진 그림과 비교해 보면 현재의 꽃이 놀랍도록 화려하고 아름답다.

사육 품종과 원래의 종은 생김새가 상당히 다르지만, 내부 기관은 거의 차이가 없다. 인간은 겉으로 보이지 않는 내부 구조에는 관심이 없을 뿐 아니라, 변화시킬 수도 없기 때문이다.

이처럼 먼저 자연에 의해서 약간의 변이가 주어졌을 때 인간은 그것을 선택하여 대대로 유전시킬 수는 있지만, 인간 스스로 내부 구조나 외부의 형태를 바꿀 수는 없다. 예를 들면, 사육사들은 독특하게 발달한 꼬리를 가진 비둘기를 발견하고 그것을 대대로 유전시켜 공작비둘기를 만들어 냈다. 정확히 말하면, 만들었다기보다는 대를 이어 의도적인 선택을 함으로써 공작비둘기가 생겨난 것이다.

고대 중국의 백과사전이나 로마의 옛 문헌에도 이런 선택 방식들이 자세히 기록되어 있다. 이것으로 보아 고대에도 사람들은 가축의 품종을 개량하기 위해 노력했음을 알 수 있다.

사람에게 유리한 변이를 이루려면?

인간에게 유익한 변이들은 어쩌다가 한 번씩 우연히 나타나기 때문에 그런 기회를 늘리려면 개체 수가 많아야 한다. 그래서 묘목 재배업자나 대량으로 가축을 사육하는 사람들은 다른 사람들보다 새 변종을 만들어 내는 데 유리하다.

원예가들은 딸기 중에서 좀 더 큰 것, 일찍 열리는 것, 더 좋은 열매를 맺는 것 등을 골라 각각의 묘목을 길렀다. 그리고 다시 그중에서 가장 좋은 것을 골라 번식시켜 훌륭한 변종을 탄생시켰다. 이것은 불과 몇십 년 만에 벌어진 일이다.

동물의 경우에는 교배를 잘 조절하는 것이 새로운 품종을 쉽게 얻을 수 있는 열쇠다. 비둘기는 평생 같은 배우자와 짝을 짓게 할 수 있어서 순수성을 유지하기가 쉽다. 또한 빨리 번식시킬 수 있기 때문에 품종을 개량하는 데도 유리하다.

반면 고양이는 밤에 돌아다니는 습성이 있어 쉽게 교배시킬 수가 없다. 그래서 하나의 고양이 품종을 오랫동안 보존하기가 힘들다. 당나귀도 품종 개량이 잘 안 되는데, 그 이유는 가난한 사람들이 몇 마리 정도만 키울 뿐 번식에는 별 관심을 갖지 않기 때문이다. 하지만 최근에는 에스파냐와 미국 일부 지역에서 세심한 노력으로 당나귀를 놀랄 만큼 개량했다.

지금까지 살펴본 대로 사람들은 자신의 이익을 위해 기르는 동식물의 품종을 개량했고, 이 품종 개량은 선택이 계속 쌓이면서 이루어졌다.

자연 상태에서도 변이가 일어난다

같은 인간이라도 똑같지는 않다. 피부색, 머리색도 다르고, 키도 다르다. 쌍꺼풀이 있는 사람도 있고 없는 사람도 있다. 고수머리인 사람도 있고 직모인 사람도 있다. 이런 여러 가지 사소한 차이를 개체적 차이라 한다.

나는 개체적 차이를 중요하게 여긴다. 기록할 만한 가치가 없을 정도로 사소하다 할지라도 변종*으로 갈라지는 첫걸음이라고 보기 때문이다. 변종은 아종*으로 나아가고, 결국은 다른 종으로 분류될 것이다. 물론 모든 변종이 새로운 종의 지위에 이르는 것은 아니다. 도중에 다른 변종에 밀려 멸종될 수도 있고, 아주 오랫동안 변종으로 남아 있을 수도 있다.

변종: 장소·환경 등의 차이가 대대로 쌓여서, 원래의 종과 특정 부분만 달라진 집단.
아종: 같은 종이기는 하지만 그 종의 다른 집단들과 지리적으로 격리되어 있는 집단.

•• 2장 ••
생존경쟁과 자연선택

　여러 생물들과 함께 살아갈 때, 어떤 변이가 한 종의 개체들에게 이익이 된다면 그러한 변이는 그 개체들이 살아남는 데 도움이 될 것이고, 자손들에게도 유전될 것이다. 이처럼 생존에 유익한 변이는 보존이 되는데, 이런 원리를 인간의 선택과 구별하기 위해 '자연선택'이라고 하자. 허버트 스펜서는 적응한 자만이 살아남는다는 뜻에서 이를 '적자생존'이라고 했는데, 이 표현이 더 이해하기 쉬울 수도 있겠다.

　물론 인간도 자연에서 주어지는 작은 변이를 선택해서 그것을 대대로 유전시킬 수 있지만, 자연선택의 힘은 그와는 비교할 수 없을 만큼 뛰어나다.

생존경쟁이란?

내가 이름붙인 '생존경쟁'에는 개체가 생명을 유지하는 것뿐만 아니라, 계속해서 자손을 남기는 것도 포함한다.

생존경쟁의 양상은 다양하다. 먹이가 부족할 때 같은 과에 속하는 두 짐승은 서로 먹이를 차지하기 위해 생존경쟁을 한다. 사막 주변에 사는 어떤 식물은 가뭄에 대항해서 생존경쟁을 하고 있다. 해마다 수천 개의 씨앗을 만들어 내지만 그중 몇 개만 성숙한 나무로 자라는 식물은, 이미 땅을 뒤덮은 다른 종류의 식물과 생존경쟁을 하는 것이다.

생존경쟁이 일어나는 원인은 모든 생물이 자손을 많이 낳기 때문이다. 생존할 수 있는 것보다 훨씬 많은 수가 출생하기 때문에, 개체들은 같은 종 내에서, 또는 다른 종들과, 또는 생활환경과 생존경쟁을 벌여야 한다.

이것은 맬서스가 《인구론》에서 제시한 이론을 동식물계에 적용한 것이다.

개체 수가 늘지 않는 이유

각 종의 자연적인 증가를 방해하는 원인들은 여러 가지가 있다. 우선 먹이의 양이 한정되어 있다. 나아가 그 종이 다른 동물에게 얼마나 잡혀 먹는지가 더 큰 영향을 미친다. 그래서 넓은 지역에 사는 산토끼 같은 동물들은 생명을 위협하는 동물이 얼마나 되느냐에 따라 그 수가 결정된다.

기후도 종의 평균 숫자를 결정하는 데 중요한 역할을 한다. 혹독한 추위나 가뭄은 종의 개체 수를 급격히 줄인다. 기후 때문에 먹이가 부족해지는 경우, 같은 종류의 먹이를 먹고 사는 개체들 사이에서는 심한 경쟁이 벌어진다. 생명력이 약하거나 먹이를 조금밖에 구하지 못한 개체들은 그 경쟁에서 낙오자가 될 수밖에 없다.

한편, 전염병도 종의 증가를 방해한다. 전염병은 대부분 기생충 때문에 생기는데, 이런 기생충들은 동물들이 밀집된 곳일수록 쉽게 증가한다. 그러므로 이런 상황에서 기생충과 동물들은 서로 생존경쟁을 한다고 할 수 있다.

물고 물리는 경쟁 관계

 같은 지역에서 서로 경쟁해야 하는 생물들의 관계는 굉장히 복잡해서 쉽게 예측할 수가 없다. 한 가지만 예를 들어 보자. 삼색제비꽃과 붉은토끼풀은 호박벌이 있어야 수정을 할 수 있다. 다른 벌들은 꿀이 있는 곳까지 닿지 못하기 때문이다. 그러므로 영국에서 호박벌속이 모두 소멸하거나 희귀해지면, 삼색제비꽃이나 붉은토끼풀도 함께 사라지거나 줄어들 것이다.

 어떤 지방에서는 호박벌의 개체 수가 들쥐의 수에 좌우된다. 들쥐가 호박벌의 벌집을 파괴하기 때문이다. 또한 들쥐 수는 고양이의 수에 따라 달라진다. 그래서 호박벌의 벌집은 마을이나 소도시 근처에서 많이 발견된다. 그런 지역에는 고양이가 많아 들쥐기 드물기 때문이다. 이것으로 보아 고양이과 동물이 많아지면 처음에는 들쥐의 수가 줄어들고, 그 다음에는 호박벌이 늘어나며, 그 결과 삼색제비꽃과 붉은토끼풀이 증가하게 된다.

 언젠가 미국의 한 지역에서 숲의 나무를 전부 베어 버렸는데, 지금은 그 숲도 주위의 삼림과 똑같이 다양한 수목이 우거져 있다. 그동안 해마다 수천 개의 씨앗을 뿌리는 온갖 종류의 나무들 사이에서 얼마나 치열한 경쟁이 벌어졌겠는가? 또 곤충과 새와 온갖 동물들은 나무와 나무의 씨앗들, 그리고 나무의 성장을 방해하는 다른 식물들을 잡아먹으려고 얼마나 경쟁을 하겠는가? 이처럼 모든 종에게는 각자 방해하는 요인과 도움을 주는 요인이 있다. 그것들이 종의 개체 수를 결정하고, 심지어는 생존 자체까지 결정한다.

생존경쟁은 같은 종 사이에서 가장 치열하다

 같은 속의 종들은 습성과 구조가 비슷하기 때문에 그 사이에서 벌어지는 경쟁은 다른 속의 종과 벌이는 경쟁보다 훨씬 치열하다. 하지만 생존경쟁에서 하나의 종이 다른 종보다 왜 그렇게 우세한가에 대해서는 정확히 알 수 없다.
 한 가지 확실한 것은, 모든 생물은 생존경쟁에서 사용할 만한 무기를 가지고 있다는 점이다. 호랑이는 날카로운 이빨과 발톱으로 먹이를 사냥하고, 민들레는 털이 붙은 가벼운 씨앗 때문에 바람을 타고 멀리까지 자손을 퍼뜨릴 수 있다. 이처럼 각각의 생물은 자신들의 무기를 이용하여 자손을 최대한 많이 남기려 애쓴다.

자연은 인간보다 힘이 세다

앞에서 우리는 생물이 인간에게 유용한 쪽으로 변이할 수 있음을 보았다. 그렇다면 생물이 자신에게 유용한 쪽으로 변이할 가능성도 분명히 있을 것이다. 아주 사소하더라도 유리한 변이가 일어난다면, 그 개체들은 분명히 생존과 번식에서 우월한 위치를 차지할 것이다. 반면, 조금이라도 해로운 변이가 일어난다면 그것은 개체가 생존하는 데 방해가 될 것이다.

인간은 자신의 이익을 위해서만 어떤 변종을 선택하지만, 자연은 지구상에 존재하는 생물의 이익을 위해서 어떤 변종을 선택한다. 그리고 인간은 외형적이며 눈에 보이는 형질*에만 능력을 발휘할 수 있지만, 자연의 힘은 내부나 외부를 가리지 않고 모든 기관에 작용할 수 있다.

자연은 매일 매 시간, 온 세상에서 일어나는 아주 작은 변이도 꼼꼼히 조

형질: 동식물의 생김새, 크기, 성질.

사하여 나쁜 것은 버리고 좋은 것은 보존한다. 각 생물이 생활 조건에 맞춰 잘 살아가도록 조용히 돌보는 것이다. 우리가 중요하지 않다고 여기는 형질에도 자연선택은 작용한다. 예를 들면, 나뭇잎을 갉아먹는 곤충은 녹색이고, 나무 껍데기를 먹고 사는 곤충은 회색이며, 흙에 사는 지렁이는 갈색이다. 색깔이 생물을 위험으로부터 보호하는 역할을 한다고 볼 수밖에 없다. 자연이 각종 생물들에게 적절한 색깔을 부여한 것이다.

아름다운 수컷

생물들은 자신을 보호하기 위해 보통 주변 환경과 비슷한 색깔을 띠고 있다. 하지만 오히려 눈에 띄는 색깔과 외형을 갖춘 생물들이 심심찮게 있다. 또한 동물의 수컷과 암컷이 일반적인 생활 습성은 같지만 구조, 빛깔, 장식에서 차이가 나는 경우도 있다. 어째서 이런 현상이 일어난 것일까? 생존경쟁이 아니라 짝을 차지하기 위해 경쟁하기 때문이다. 경쟁은 보통 암컷을 차지하려는 수컷들 사이에서 일어난다. 일반적으로 힘이 센 수컷들이 이기겠지만, 그보다는 수컷만이 지닌 특수한 무기가 승패를 결정한다. 예를 들면, 뿔이 없는 수사슴과 며느리발톱(수컷 날짐승의 발 뒤

쪽으로 튀어나온 발톱 같은 돌기)이 없는 수탉은 암컷을 얻기 위한 싸움에서 질 확률이 높다.

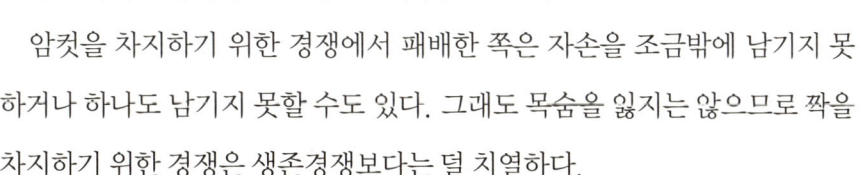

새들 사이의 경쟁 방식은 다른 동물들보다 평화롭다. 수컷은 암컷을 유혹하기 위해 노래를 부르기도 하고, 아름다운 깃털을 과시하며 춤을 추기도 한다. 암컷들은 그런 수컷들을 무심히 쳐다보다가 마지막에 가장 마음에 드는 수컷을 고른다.

암컷을 차지하기 위한 경쟁에서 패배한 쪽은 자손을 조금밖에 남기지 못하거나 하나도 남기지 못할 수도 있다. 그래도 목숨을 잃지는 않으므로 짝을 차지하기 위한 경쟁은 생존경쟁보다는 덜 치열하다.

환경에 가장 적합한 생물이 살아남는다

자연선택의 예를 몇 가지 알아보자. 늑대가 가장 먹이를 얻기 힘든 철, 그 지역에 어떤 변화가 생겨 다른 먹이는 줄어들고 사슴만 늘어났다고 가정하자. 달리기를 잘하는 사슴을 잡으려면 늑대 역시 빨라야 한다. 그러므로 날쌘 늑대들만 살아남아 자손을 남길 가능성이 크다.

이보다 더 복잡한 경우도 많다. 어떤 식물은 달콤한 즙이나 꿀을 분비하는

데, 이것을 찾아 달려드는 곤충들이 있다. 꿀을 먹으러 온 곤충은 몸에 꽃가루를 묻히게 되고, 다른 꽃으로 가면서 흔히 꽃가루도 옮긴다. 이런 식으로 같은 종의 다른 개체인 두 송이 꽃이 교배된다. 동물로 치면 암컷과 수컷이 만나는 셈이다. 꿀샘이 다른 것보다 큰 꽃들에는 곤충들이 자주 찾아와서 교배가 잘될 것이고, 그 결과 여러 변종을 만들어 낼 확률이 크다. 또 꽃가루를 운반하는 곤충이 접근하기 쉬운 곳에 암술과 수술이 놓여 있는 꽃들도 교배 가능성이 높아져서, 자연선택에서 살아남을 가능성이 크다.

토끼풀의 경우, 보통의 붉은토끼풀과 담홍색토끼풀의 꽃부리관은 겉으로 보기에는 비슷하지만, 사실은 붉은토끼풀의 꽃부리관이 더 길다. 그래서 꿀벌들은 담홍색토끼풀에서는 쉽게 꿀을 빨지만 붉은토끼풀에서는 그렇지 못하다. 붉은토끼풀을 찾아드는 것은 호박벌뿐이다. 그렇다고 꿀벌들이 붉은토끼풀의 꿀을 싫어하는 것은 아니다. 호박벌이 붉은토끼풀에 뚫어 놓은 구멍을 통해 꿀벌들이 꿀을 빨아먹는 장면을 내가 몇 번이나 목격했으니까 그것은 분명하다. 이런 경우 주둥이가 더 긴 꿀벌이 자연선택에서 유리하다. 주둥이가 길면 두 종류의 토끼풀에 접근하기 쉽기 때문이다.

그런데 만약 이 지역에서 호박벌이 희귀해지면, 붉은토끼풀 중에서 꽃부리관이 짧은 것이 생존경쟁에 더 유리할 것이다. 그래야 호박벌 대신 꿀벌들이 찾아들 테니 말이다. 꽃과 벌은 이렇게 함께 변하거나 차례로 변화하며, 서로에게 도움이 되는 구조로 개선되어 갈 것이다.

다른 개체와 교배하는 것이 유리하다

육지에 사는 달팽이나 지렁이는 암수한몸이지만, 새끼를 낳을 때는 항상 짝을 지어 교미한다. 그 이유는 뭘까?

동식물이 다른 변종들끼리 교배하거나, 같은 변종 내에서 서로 집안이 다른 개체와 교미를 하면, 그 자손은 왕성한 생장력과 생식 능력을 갖는다. 반면 '근친' 사이에서 교미가 이루어지면, 그 자손은 활력과 생식 능력이 현저히 떨어진다. 아마도 어떤 생물이든 자손을 영구히 남기기 위해서 자가수정*을 피하는 것이 자연 법칙인 모양이다. 그래서 암수한몸인 동물들도 새끼를 낳을 때는 다른 개체와 교미를 한다.

꽃이 습기에 노출되면 수정이 잘 이루어지지 않는다. 그런데 왜 꽃밥과 암술머리가 밖으로 노출되는 꽃이 그렇게 많을까? 이것은 다른 개체의 꽃가루가 자유롭게 들어올 수 있도록 하기 위해서다.

자가수정을 피하고 다른 개체와 교배하려는 성향은 양배추의 경우를 봐도 알 수 있다. 양배추 꽃 한 송이에는 여러 개의 수술이 암술머리를 둘러싸고 있다. 암술머리는 또한 같은 포기에 있는 다른 꽃들의 수술에도 둘러싸여 있다. 그래서 곤충의 도움 없이도 각 꽃의 꽃가루는 자기 꽃의 암술머리에 쉽게 내려앉는다.

*자가수정이란 같은 개체에서 생성된 암수가 결합하는 것을 말한다. 꽃피는 식물과 많은 원생동물, 다수의 무척추동물에서 이루어진다.

달팽이는 암수한몸동물이지만, 새끼를 낳을 때는 항상 다른 달팽이와 교미한다.

그런데 양배추의 여러 변종들을 서로 가까운 곳에서 재배하면, 이 양배추들에서 나온 씨는 대부분 잡종이다. 다른 '변종'의 꽃가루가 그 꽃 자체의 꽃가루보다 우세한 힘을 갖고 있기 때문인 것 같다.

대부분의 식물들은 암술머리에 자기 꽃의 꽃가루가 들어오는 것을 방해하는 교묘한 장치가 있다. 자가수정을 피하기 위해서다. 암술머리가 수정할 준비가 되기도 전에 꽃밥이 먼저 터지거나, 꽃가루가 준비되기 전에 이미 암술머리가 준비를 마치는 식으로 자가수정을 피하기도 한다. 이런 식물들은 실제로는 암수가 서로 분리되어 있는 것과 마찬가지이므로, 늘 다른 개체와 교배를 하게 된다.

기관을 퇴화시키는 것도 자연선택이다

자연선택은 생물이 처한 조건에서 유익한 변이만 보존하고 누적하는 것이다. 궁극적으로 생물들은 환경에 맞춰 점점 더 개량된다. 하지만 구조의 진보가 어떤 것인지 애매한 경우가 있다. 어떤 갑각류*는 구조 중 일부가 점차 퇴화하기도 하기 때문이다. 이런 현상은 어떻게 이해해야 할까?

그 생물에게 유리한 결과를 낳는다면 어떤 기관이 특화되고, 어떤 기관이 불필요해지면 퇴화되기도 하는데, 그런 현상도 자연선택이다. 섬에 사는 투구풍뎅이가 날지 못하게 된 것은, 날 필요가 없기 때문이다. 이것도 자연선택에 속한다.

이처럼 자연선택 혹은 적자생존이란 반드시 진보적인 발달을 의미하는 것은 아니다. 단지 각 생물에게 일어난 유익한 변이를 이용하는 것일 뿐이다. 현존하는 하등생물들이 생물의 시초부터 전혀 진보하지 않았다고 주장하는 건 성급하다. 잘 살펴보면 나름대로 놀라운 기능성을 갖고 있기 때문이다.

갑각류: 게, 가재, 새우처럼 몸 전체가 단단한 껍데기로 덮여 있다.

생명의 나무

같은 종의 생물들 사이에서 우연히 인간에게 유용한 변이가 일어나듯이, 생물 자신에게 유용한 변이도 우연히 일어나게 마련이다. 그 변이가 생존경쟁에 유익하다면, 생물은 살아남아 그것을 자손에게 물려줄 가능성이 크다. 이것을 나는 자연선택이라 불렀다.

우리는 너무 익숙해 있어서 그 신비스러움을 느끼지 못하지만, 모든 동식물들은 한 집단에 속해 있고, 그 집단은 더 큰 집단에 속해 있다. 그리고 집단들은 서로 연결되어 있다.

　이것은 한 그루의 거대한 나무에 비유할 수 있다. 싹이 트고 있는 초록색 가지들은 현존하는 종을 나타내고, 몇 년 전에 뻗어 나온 가지들은 멸종된 종들의 후손이다. 이 나무가 처음에 자랄 때부터 지금까지, 수많은 잔가지와 줄기가 도중에 썩거나 부러졌을 것이다. 그것은 후손을 남기지 않고 멸종한 종을 나타낸다.
　이처럼 거대한 생명의 나무는 죽고 부러져 나간 가지들로는 지각(땅 표면)을 채우고, 계속 갈라지면서 자라는 가지로는 지상을 아름답게 만든다.

변이의 법칙

　변이는 우연히 생긴다기보다 그 원인을 확실히 알 수 없다고 하는 편이 정확할 것이다. 남쪽 바다나 얕은 물에 사는 조개들은, 대개 북쪽 바다나 깊은 물에 사는 조개들보다 색깔이 더 밝다. 또 해안에서 자라는 식물들은 다른 지역에서 자라는 식물보다 잎이 더 두껍다. 같은 종의 동물이라도 북쪽으로 올라갈수록 모피가 더 두껍다.
　이런 차이는 왜 생기는 것일까? 환경 조건 때문일까, 아니면 수세대에 걸친 자연선택 때문일까. 그것을 판단하기는 거의 불가능하다. 하지만 변이에 영향을 끼치는 원인들을 살펴보면 몇 가지를 발견할 수 있다.

자주 쓰면 강해진다

다윈은 환경에 의해 변화한 형질도 자손에게 전달된다고 생각했다.
하지만 그 후의 연구에 따르면, 이러한 변화는 자손에게 전달되지 않는다.

가축이 어떤 기관을 자주 사용하면 그 기관은 크고 강해지지만, 사용하지 않으면 그 기관은 약해진다. 그리고 이런 변화는 다음 세대에 유전될 것이다. 나는 그런 예를 몇 가지 발견했다.

어떤 섬에는 육식동물이 살지 않아서, 몇몇 새들은 날 필요가 거의 없다. 도망갈 일이 없기 때문이다. 몸집이 크고 땅에서 먹이를 구하는 이 새들은 날개를 쓰지 않았고, 세대가 거듭되면서 날개가 점점 작아졌을 것이다.

두더지나 땅속 굴에서 사는 설치류*의 눈은 불완전하다. 땅속은 캄캄해서

설치류: 쥐류라고도 한다. 다람쥐·생쥐·비버·친칠라 등이 여기 속한다. 힘이 약해서 육식동물의 먹이가 되기 쉽지만, 대신 번식력이 강해서 수가 매우 많다.

거기 사는 동물은 굳이 눈을 쓸 일이 없다. 그래서 눈의 크기가 점점 작아지고 눈꺼풀이 서로 달라붙어 그 위를 털이 덮어 버렸다.

생물들은 날 때부터 기후에 대한 적응력을 갖고 있다

각각의 종은 자신이 사는 지역의 기후에 적응한다. 따라서 극지방이나 온대지방에 사는 생물은 열대기후를 견디지 못하고, 열대기후에 사는 생물은 극지방이나 온대지방의 기후를 견디지 못한다.

하지만 꼭 그런 것은 아니다. 같은 속에 속하는 다른 종들이 더운 지방과 추운 지방 양쪽에 다 사는 경우도 있다. 이런 종들은 여러 세대를 거치면서 각각의 기후에 적응해 온 듯하다. 실제로 다른 기후에서 자라던 식물들이 이곳 영국에서도 잘 자라고 있다.

오래 전에 온대에서 살던 동물들이 한대나 열대로 서식 지역을 크게 확장한 경우도 많이 볼 수 있다. 대표적인 예가 쥐다. 쥐는 인간에 의해 세계 각처로 옮겨져, 지금은 한대기후나 열대기후를 가리지 않고 세계 어디에서나 볼 수 있다. 동물들이 자신이 태어난 지역뿐 아니라 다른 기후 지역에도 잘 적응하고 사는 것은 특이하고 우연한 것이 아니라, 태어날 때부터 기후에 대한 유연성을 지니기 때문이라고 보아야 한다.

쉽게 변이하는 조건

하등한 생물은 고등한 생물보다 더 변이하기 쉽다. 하등하다는 것은 생물의 기관이 기능별로 분화되지 않고, 하나의 기관이 여러 가지 기능을 한다는 뜻이다. 물건을 자르는 일에는 칼 한 가지만 필요하지만, 점차 복잡한 작업을 하게 되면 특수한 도구들이 필요해진다. 마찬가지로, 생물도 환경에 더 잘 적응하기 위해 정해진 기능을 담당하는 기관들이 하나둘 늘어난다.

어떤 종의 신체 한 부분이 같은 속의 다른 종에 비해 유달리 발달했다면, 그 부분은 변이했을 가능성이 높다. 또한, 종의 형질이 속의 형질보다 더 변이하기 쉽다. 하나의 속에 속하는 모든 종에게 어떤 공통점이 있을 때 이를 가리켜 속의 형질이라 한다. 속의 형질은 여러 종이 공통 조상에서 처음으로 갈라져 나오기 전부터 유전되어, 여러 종으로 분화한 후에도 거의 변이하지 않은 것들이다. 따라서 속의 형질들이 오늘날에 와서 변이할 가능성은 아주 낮다. 하지만 종의 형질은, 종들이 공통 조상으로부터 갈라져 나온 이래로 변이하여 달라진 것이기 때문에 앞으로도 변이할 가능성이 있다.

서로 다른 종들이 비슷한 변이를 나타내는 경우

전혀 다른 비둘기 품종이 원래의 조상에는 없던 특징을 보이는 경우가 있다. 예를 들면, A품종과 B품종이 공통의 변이를 보였는데, 모두 그들의 조상에게는 없는 특징인 것이다. 이것은 여러 품종 사이에서 나타나는 '유사변이'다. 이러한 유사변이는 서로 다른 품종으로 갈라지기 전의 공통 조상으로부터 물려받은 성향으로 보인다.

조금 다른 경우도 있다. 나는 비둘기를 연구하다가 어떤 형질들이 여러 세대 동안 사라졌다가 다시 나타나는 것을 발견했다. 빛깔이 다른 두 가지 다른 품종을 교배했더니, 자손들에게서 색깔 있는 점이 나타났다. 이것은 유사변이가 아니라 오래 전 조상이 갖고 있던 형질이 다시 나타난 것이다.

비슷한 사례가 또 한 가지 있다. 말, 당나귀의 등이나 다리에서 줄무늬가 나타나는 경우다. 아시아산 야생 당나귀인 산노새에서도 얼룩말의 줄무늬가 발견되었다. 나는 영국과 중국, 노르웨이에서 말레이 제도에 이르기까지 다양한 품종의 말 가운데서 다리와 어깨에 줄무늬가 있는 사례를 수집했다. 그 결과, 세계의 모든 지역에서 이 줄무늬는 갈색 말과 회갈색 말에서 가장 흔하게 나타난다는 것을 알게 됐다. 그리고 이러한 경향은 주로 잡종에서 나타났다.

이런 현상을 어떻게 해석해야 할까? 나는 수백만 세대를 거슬러 올라가면 구조는 매우 달라도 얼룩말처럼 줄무늬가 있는 동물을 볼 수 있으리라 생각한다. 그 동물은 우리가 사육하는 말과 당나귀, 산노새, 얼룩말의 공통 조상일 것이다.

한 품종에서 사라진 어떤 형질이 오랜 세대 동안 나타나지 않다가 갑자기 나타날 때가 있다. 이것은 여러 세대 동안 그 형질이 숨어 있다가 알 수 없는 어떤 조건에서 드러났다고 설명할 수 있다.*

현대 유전학에서 그 원인을 알아냈다. 첫 번째 경우는 그 형질이 희귀한 열성 유전자라서 부모가 모두 그 형질을 가지고 있을 때에야 비로소 그 자식에게서 나타나는 경우다. 두 번째 경우는 하나의 형질이 나타나려면 함께 작용하는 하나의 유전자 집단이 필요한데, 그 유전자들이 모두 한 개체에 전달되었을 때 나타난 경우다.

•• 4장 ••
몇 가지 의문점

독자들은 여기까지 읽어 오면서 여러 의문이 생겼을 것이다. 그중 몇 가지는 나 역시 고민스러운 부분이다. 하지만 이 학설을 부정할 만큼 심각한 것은 아니라고 생각한다.

첫 번째 문제는, 어떤 종이 여러 단계를 거쳐 다른 종으로 변화했다면 왜 그 과정에서 나타난 수많은 전이 형태를 찾지 못할까 하는 것이다. 또 한 가지는, 땅에 사는 동물이 박쥐 같은 구조와 습성을 지닌 동물로 변화하는 것이 가능한가 하는 문제이다. 이 두 가지에 대해 내 생각을 설명하겠다.

종에서 종으로 변하는 중간 단계를 찾기 어려운 이유

자연선택은 오직 유리한 변이만 보존한다. 따라서 새로 생겨난 변이형들은 자기보다 개량이 덜 된 형태들을 몰아내는 경향이 있다. 그리고 바로 이러한 점 때문에 새로운 변종이 생겨서 완성되면, 그 조상과 이전의 다른 변종들은 모두 사라지고 만다.

어떤 대륙을 북에서 남으로 내려가면, 같은 속에 속하는 연관된 종들이 잇따라 나타난다. 이렇게 연관이 있는 종들이 서로 가까운 데서 서식하면, 한 종은 줄어들고 다른 종은 수가 늘어난다. 그리고 마침내 한쪽이 다른 쪽을 대치해 버린다. 이들 근연종*은 같은 조상으로부터 생겨났지만, 변화가 진행되는 동안 그 사이 나타났던 나른 변종들을 몰아내는 것이다. 그렇기 때문에 각 지역에서 수많은 전이적 변종들과 만나는 일은 벌어지지 않는다.

어떤 생물이 특수한 습성과 구조를 갖기까지

진화론을 인정하지 않는 사람들은 줄곧 이런 질문을 한다. 육지의 육식동물이 물에서 사는 동물로 변화하는 게 어떻게 가능하다는 말인가?

그런데 육지에서만 사는 생물과 물속에서만 사는 생물의 중간 단계 생물

근연종: 생물들을 분류할 때, 발생 계통이 아주 가까운 종류를 가리킨다.

이 현존하고 있다. 바로 북아메리카의 해달이다. 해달은 발에는 물갈퀴가 있으며, 털가죽과 짤막한 다리, 꼬리 모양은 수달과 비슷하다. 여름철에는 물속에 들어가 물고기를 잡아먹지만, 겨울철에는 꽁꽁 얼어붙은 물을 떠나 족제비처럼 생쥐나 육지 동물들을 잡아먹는다.

곤충을 잡아먹는 네발짐승이 어떻게 날아다니는 박쥐로 변할 수 있었느냐고 묻는 사람도 많다. 하지만 이것도 그리 어려운 질문은 아니다. 다람쥐과를 한번 생각해 보자. 다람쥐과의 동물들은 꼬리만 약간 납작한 것에서부터 몸 뒷부분이 넓고 옆구리 뱃가죽이 꽤 불룩한 것, 네 다리와 꼬리가 넓게 퍼진 피부로 이어져 있어서 낙하산 구실을 하는 것까지 형태가 다양하다. 낙하산처럼 피부가 넓게 펴지는 날다람쥐는 멀리 떨어진 나무로 날아다닐 수도 있다.

그렇게 날아다닌다면 새와 맹수로부터 도망칠 수 있으며, 먹이를 더 빨리 모을 수 있고, 또 어쩌다가 땅으로 떨어지는 위험을 줄일 수도 있어 생존하는 데 매우 유익하다. 그래서 나는 옆구리 피막(껍질막)이 점점 넓어지는 것이 쓸모가 있어서 그런 개체들이 보존되고, 수많은 세대를 지나는 동안 마침내 완전한 날다람쥐가 생겨났을 것이라고 본다.

이제 같은 종의 개체들이 다양하고 변화된 습성을 보이는 몇 가지 예를 살펴보자. 영국에서는 커다란 박새가 작은 새의 머리를 쳐서 죽이기도 하는데, 이것은 때까치의 습성이다. 또 나뭇가지 위에서 나무 열매를 쪼아서 깨뜨리는 모습도 여러 차례 봤는데, 이것은 동고비의 습성이다. 북아메리카에서는 흑곰이 입을 쩍 벌리고 몇 시간이나 헤엄을 치면서 곤충을 잡아먹는 것이 관찰되었다. 이런 행동도 고래한테서나 볼 수 있는 습성이다.

이처럼 종의 고유한 습성과는 다르게 살아가는 개체들을 볼 때, 우리는 그런 개체들이 결국에는 구조와 습성이 다른 새로운 종으로 갈라질 것이라고 예측할 수 있다.

날개막이 있는 하늘다람쥐

매우 정밀한 기관도 자연선택으로 생성될 수 있다

많은 사람들이 나의 이론을 반박하면서 눈을 예로 든다. 놀랄 만큼 정밀한 기관이 자연선택에 의해 완성되었다는 것은 말이 안 된다고 한다. 하지만 나는 눈도 다른 기관들과 마찬가지로 단순하고 불완전한 상태에서 수많은 점진적인 단계를 거쳐 결국 복잡하고 완전한 눈으로 발전했다고 생각한다. 그리고 각 단계는 모두 동물에게 유익한 방향을 향했다고 믿는다.

생물의 어떤 기관이 완성되기까지 거쳐 온 단계들을 추적하려면, 그 종의 조상들을 두루 살펴보아야 한다. 하지만 이 작업은 거의 불가능하다. 그래서 우리는 같은 집단의 다른 종과 속을 살펴보면서 그 과정을 유추해야 한다.

눈의 가장 단순한 형태는 한 개의 시신경으로 이루어진 것이다. 이 시신경은 색소세포로 둘러싸여 있고 반투명 피부로 덮여 있으며 수정체는 없다. 그러나 더 하등한 생물로 내려가면, 신경이 전혀 없는 색소세포의 집합체로만 되어 있는 눈을 볼 수 있다. 이러한 눈은 명암(밝음과 어둠)만 구별할 수 있다.

어떤 불가사리는 신경을 둘러싸고 있는 색소층에 작은 홈들이 있고, 여기에 투명한 젤라틴성 물질이 가득 차 있다. 그 부분은 마치 고등동물의 각막처럼 볼록하게 튀어나와 있다. 이것은 영상을 만들지는 못하고 광선을 한데 모아 물체를 훨씬 쉽게 감지할 수 있게 해 줄 뿐이다. 이처럼 빛만 모으는 단순한 장치가 점차 발전하여 자세한 영상을 감지하는 진짜 눈으로 진화했을 것이다.

색소로 뒤덮이고 투명한 막으로만 둘러싸여 있는 단순한 시각기관이, 자연선택에 의해 완전한 시각기관으로 발전했으리라는 사실을, 이제는 어렵지 않게 받아들일 수 있을 것이다.

5장
본능

    경험과 훈련이 필요해서 사람도 하기 힘든 행동을 어떤 동물들이, 그것도 경험이 전혀 없는 어린 동물이 해낼 때가 있다. 이런 경우처럼, 한 종의 모든 개체들이 목적이 무엇인지도 모르면서 똑같은 방법으로 생존에 유리한 행동을 할 때, 그것을 '본능'이라고 한다.

    동물들이 보여 주는 수많은 본능은 무척 경이로워서, 사람들은 자연선택만으로는 그런 행동들을 설명할 수 없다고 생각할 것이다. 하지만 나는 신체적 구조와 마찬가지로 본능도 자연선택에 의해 유전된다고 확신한다.

본능도 자연선택에 의해 유전된다

환경이 바뀔 때 본능도 변하면 그 종이 생존하는 데 유리할 것이다. 생물의 기관은 어떤 습성 때문에 변하고, 그 기관도 쓰지 않으면 퇴화한다. 본능도 이와 똑같았으리라고 생각한다. 그러나 여러 예들을 볼 때, 본능의 변이에는 습성보다 자연선택의 영향이 훨씬 큰 것 같다.*

한편 본능은 그 종에게 이롭게 하기 위해 형성되는 것이지, 다른 종에게 이익을 주기 위해 형성되는 경우는 없다. 진딧물은 얼핏 보면 다른 종의 이익을 위해서 행동하는 것 같다. 진딧물이 달콤한 분비액을 내어 이것을 자발적으로 개미에게 내 주기 때문이다. 하지만 내가 관찰한 결과, 진딧물이 분비액을 개미에게 주는 것은 찐득찐득한 분비액을 없애 버리는 것이 자신에게 유익하기 때문이다. 말하자면, 자신의 편의를 위해 다른 종의 본능을 이용하는 것이다. 또 진딧물도 개미에게서 이득을 얻는다. 개미가 곁에 있으면, 다른 곤충들이 진딧물을 잡아먹기 위해 접근하기가 힘들기 때문이다.

확실히 본능은 변이한다. 이것을 보여 줄 대표적인 사례는 뻐꾸기와 개미, 그리고 꿀벌이다. 뻐꾸기는 다른 새의 둥지에서 알을 낳고, 어떤 개미는 노예를 부린다. 그리고 꿀벌은 본능적으로 가장 기능적이고 효율적인 벌집을

---

*한 개체가 일생 동안에 획득한 다른 형질들과 마찬가지로, 습성도 자손에게 전달되지 않는다. 따라서 참된 본능은, 우연히 일어난 변이가 자연선택에 의해 보존되는 방식으로만 진화한다.

만든다. 이 세 가지 사례를 보면, 자연 상태에서 본능이 어떻게 선택되어 변화하고 보존되는지 잘 이해할 수 있을 것이다.

다른 새의 둥지에 알을 낳는 뻐꾸기

뻐꾸기는 다른 새의 둥지에 알을 낳는 희귀한 습성이 있다. 몇몇 학자들은 이런 본능이 생긴 직접적인 원인은 뻐꾸기가 2~3일 간격으로 알을 낳기 때문이라고 주장한다. 뻐꾸기는 10~15개의 알을 2~3일 간격으로 낳는데, 그것을 차례로 부화시키려면 먼저 부화한 새끼와 알을 전부 한 둥지에 가지고

있어야 한다.

그런데 만약 유럽뻐꾸기의 고대 조상이 가끔씩 다른 새의 둥지에 알을 낳았다고 가정해 보자. 남의 둥지에 알을 낳은 어미 새는 모든 알을 직접 부화시킨 어미 새보다 훨씬 더 유리했을 것이고, 또 그렇게 남의 둥지에서 자란 새끼가 더 튼튼해졌다면 그 새끼나 어미 새는 그런 행동으로 인해 이익을 얻은 셈이다. 이렇게 길러진 새끼는 유전을 통해 남의 둥지에 알을 낳는 어미 새의 습성을 물려받았을 것이고, 그래서 더 적극적으로 다른 새의 둥지에 알을 낳아 새끼를 기를 것이다. 나는 이런 과정이 지속되어 뻐꾸기의 특이한 본능이 생겨났다고 믿는다.

갓 태어난 어린 뻐꾸기는 자신의 젖형제들을 밀어내는 본능과 힘, 그리고 그에 알맞은 모양의 등을 갖추고 있다. 이 무서운 본능은 어린 뻐꾸기가 어떻게든 먹이를 많이 얻어먹기 위해 노력하는 동안 획득되었을 것이다.

이따금 나타난 뻐꾸기의 습성이 이익이 되고, 또 둥지를 빼앗긴 다른 새도 그 때문에 멸종되지 않았다면, 그 습성은 자연선택을 통해 영구적인 습성으로 자리 잡을 것이다.

노예를 부리는 개미

포르미카 루페스켄스라는 개미는 아무 일도 하지 않고 노예 개미에게 의존해서 살아간다. 집을 만들 줄도 모르고, 애벌레를 키울 줄도 모른다. 노예 개미들이 이사할 곳도 결정하고 심지어는 주인을 물어서 옮겨 주기까지 한다.

포르미카 루페스켄스의 습성을 처음 발견한 스위스의 곤충학자 위베르는 노예 개미를 한 마리도 넣지 않고, 이 개미만 30마리를 가두었다. 먹이도 충분히 넣어 주고 일하도록 자극하기 위해 애벌레와 번데기도 넣어 주었다. 하지만 개미들은 아무 일도 하지 않았고, 먹을 줄을 몰라서 굶어죽기도 했다. 위베르가 노예 개미 한 마리를 넣어 주자, 이 개미는 곧바로 살아남은 루페스켄스 개미들에게 먹이를 주고 애벌레를 돌보며, 모든 상황을 정상으로 되돌려 놓았다.

어떻게 해서 개미가 노예를 부리는 본능을 지니게 되었는지 정확히 알 수

는 없지만 추측은 할 수 있다. 개미는 다른 종의 번데기를 식량으로 가져가기도 한다. 이렇게 먹이로 저장되었던 번데기가 자라서 개미로 컸을 때, 그 개미는 본능에 따라 자신이 할 수 있는 일을 할 것이다. 그리고 그 행동이 번데기를 잡아온 종에게 유익하면, 그 종들은 원래 먹이로 쓰려던 번데기를 자라도록 두었다가 노예로 부릴 것이다. 그리고 그런 습성은 대를 이어 정착할 것이다. 이렇게 노예를 소유하는 본능이 생기면 자연선택에 따라 그것은 더욱 발전하여, 마침내 루페스켄스 종처럼 노예에게 완전히 의존해서 살아가는 상태가 될 수도 있다.

꿀벌이 벌집을 짓는 본능

벌들은 귀한 밀랍은 가능한 한 적게 쓰고, 꿀은 최대한 저장할 수 있도록 가장 효율적인 모양으로 벌집을 만든다. 어두운 벌통 안에서 어떻게 그렇게 정확한 육각형을 만들 수 있는지 정말 신기하다. 하지만 그것도 일정한 발전 단계가 있다면 불가능한 건 아니라는 게 내 생각이다.

호박벌의 벌집은 매우 불규칙한 둥근 모양이면서 서로 분리되어 있다. 꿀벌의 벌집은 각 방이 육각형이고 이층으로 되어 있다. 이 두 형태 사이에 멕시코의 멜리포나 도메스티카라는 벌의 벌집이 있다. 멜리포나는 원통 모양의 방으로 이루어진 거의 규칙적인 밀랍 벌집을 만들어 그 속에서 새끼를 까는데, 꿀을 저장하기 위해서 큰 방을 몇 개 더 만든다. 꿀을 저장하는 이 방은

공 모양에 가까우며 크기도 거의 같다. 그리고 한데 모여 불규칙한 덩어리를 이룬다. 이 방들은 서로 바짝 붙어 있어서 그 공 모양의 방들이 다 만들어지면 각 방의 벽이 옆방으로 침범해 들어갈 것 같지만, 벌들은 방 사이마다 평평한 밀랍 벽을 만들기 때문에 그런 일은 절대 일어나지 않는다.

나는 멜리포나가 둥근 방을 똑같은 크기와 간격으로 만들어 이층으로 대칭이 되게 배열한다면, 바로 꿀벌의 벌집처럼 완전한 구조가 되지 않을까 하는 생각이 들었다. 그래서 내가 아는 기하학 교수에게 이런 얘기를 했더니 내 추측이 맞는다고 했다.

이와 같이 멜리포나 종의 본능을 조금만 변화시킬 수 있다면, 분명히 이 벌은 꿀벌의 벌집처럼 완전한 구조를 만들 수 있을 것이다. 나는 꿀벌들이 이런 식으로 본능을 변화시켰으며, 자연선택을 통해 이런 환상적인 건축 능력을 획득했다고 믿는다.

자연은 비약하지 않는다

위 세 가지 예를 보면 생물의 본능은 자연 상태에서 약간씩 변이하며, 이 변이는 유전될 수도 있다. 어느 동물이나 본능은 매우 중요하다. 따라서 본능의 유용한 변화를 자연선택이 축적한다는 것은 당연하다고 하겠다. "자연은 비약하지 않는다"는 명제는 신체뿐 아니라 본능에도 적용된다.

한 가지 명심할 점은, 본능은 완전하지 않으며 실수를 저지르기도 한다는 것이다. 또한 어떤 동물이 다른 동물의 본능을 이용하는 경우는 있지만, 다른 동물을 위해 생겨나는 본능은 없다. 즉 본능은 자기 종을 위해서만 생성된다.

어린 뻐꾸기가 젖형제들을 밀어내는 것이나, 개미가 노예를 부리는 것, 꿀벌이 정확한 육각형 벌집을 만드는 본능은 처음부터 있었던 것이 아니라, 강자는 보존하고 약자는 도태*시키는 자연법칙의 결과이다. 그렇게 보는 것이 훨씬 설득력이 있다.

도태: 환경에 적응하지 못하는 생물 개체군이 사라지는 것.

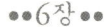
지질학적 기록의 불완전성에 관하여

    나는 앞에서 자연선택을 통해 살아남은 수많은 변종들은 그들의 조상 형태를 몰아내고 그 자리를 차지한다고 했다. 그렇다면 사라진 조상과 그 자리를 차지한 변종의 중간 형태도 무수하게 존재했을 것이다. 그런데 지질층에서 이 같은 중간 형태가 발견되지 않는 이유는 무엇일까?

    비록 이 중간 고리들을 발견하지 못했어도, 과거에 이들이 존재했다는 사실은 분명하다. 그것을 확인하기 위해서는 각각의 종과 그들의 공통 조상 사이에 존재하는 중간 형태를 찾아야 한다. 하지만 오래전 조상과 변화된 현재의 자손들은 매우 다르기 때문에 이 일은 결코 쉽지 않다. 게다가 지질학적 기록만 믿기에는 그 기록이 너무 불완전하다.

생각보다 긴 지구의 나이

여기서 말한 모든 변화가 아주 천천히 일어났다면, 이토록 엄청난 변화를 일으킬 정도로 지구의 나이가 많은가, 물을 수도 있다. 사실 지질학자도 아닌 일반인에게 시간의 경과를 이해시킨다는 건 너무 어려운 일이다. 하지만 라이엘의 《지질학 원리》를 읽고서도 과거의 시간이 얼마나 장구했는지를 인정하지 않는 사람이라면 당장 이 책을 덮는 게 나을 것이다.

과거의 시간은 퇴적층의 두께로 추측할 수 있다. 전 세계에 있는 퇴적층 더미는 엄청나게 두껍다. 코르디예라 산(안데스 산맥)의 어떤 역암* 덩어리는 두께가 3천여 미터나 된다. 역암은 진흙 같은 미세한 침전물보다 훨씬 빨리 쌓여 이루어진다. 그래도 거기 들어 있는 닳고 닳은 자갈들을 보면, 이 역암 덩어리가 얼마나 오랫동안 쌓였는지 짐작할 수 있다.

크롤 씨는 어떤 강이 해마다 실어 오는 침전물의 양을 계산하여 305미터 높이의 바위가 허물어지려면 600만 년이 걸린다고 주장했다. 지나치게 길다고 의심할 수도 있겠지만, 이것을 반이나 4분의 1로 줄여도 매우 놀라운 수치다. 600만 년이라는 숫자가 도무지 와 닿지 않는다면 100이라는 숫자를 생각해 보자. 뛰어난 사육사가 평생을 바치면 몇 가지 고등동물을 변화시켜 새로운 아종을 만들 수 있는데, 100년이라는 세월은 바로 사육사 두 사람이

역암: 자갈들 사이에 모래나 진흙이 채워진 퇴적암.

일할 수 있는 기간이다. 물론 자연의 종은 그렇게 단시간에 변이하지 않는다. 그렇지만 생물들의 변이를 일으키기에는 지구의 나이가 너무 짧다는 주장은 받아들이기 힘들다.

빈약한 수집품들

나는 '모든 살아 있는 종과 멸종한 종 사이에는 상상할 수 없을 만큼 많은 중간 고리가 있었을 것'이라고 했다. 하지만 중간 고리가 되는 화석을 발견하기는 어렵다. 남아 있는 지질학 기록이 불완전하기 때문이다.

지질학 박물관 안에 놓인 진열품들이 얼마나 초라하고 빈약한지 보라. 화석종(화석으로 남은 종)들은 대부분 하나뿐이고, 그것도 일부 조각만 남아 있다. 지구상에서 조사된 지역은 일부에 불과하고 그나마 면밀하게 조사한 지역은 한 군데도 없다.

조개껍데기와 뼈는 바다 밑바닥에 그대로 있으면 썩어서 없어져 버린다. 해저에서는 침전물이 빠른 속도로 쌓여서 화석 유물을 파묻는다고 생각하지만 그것은 오해다. 큰 바다는 대부분 밝은 푸른빛을 띠고 있는데, 이것은 바닷물이 깨끗함을 말해 준다. 즉, 침전물이 거의 없다는 것이다.

지각이 솟아오를(융기) 때는 육지와 근처 얕은 바다 부분의 면적이 넓어진다. 따라서 새로운 종과 변종이 생기는 데 유리하다. 하지만 파도와 풍화작용 때문에 지질학적 기록을 남기기는 어렵다.

반대로, 지각이 내려앉을(침강) 때는 생물이 사는 곳도 줄고, 그 수도 줄어든다. 하지만 화석을 풍부하게 함유한 고대 지층은 이때 형성되었으리라 확신한다.

중간 고리가 담긴 화석을 찾기는 어렵다

지질학적 기록이 지극히 불완전하다는 것에는 의문의 여지가 없다. 그러나 어느 한 지층의 처음과 끝에 서로 연관성 있는 종들이 남아 있는 경우에도 그 사이에서 중간 고리를 이루는 변종들이 발견되지 않는 이유는 무엇일까? 여기에 대해서는 몇 가지 이유를 제시할 수 있다.

각 지층이 형성되는 데 걸리는 시간은, 하나의 종이 다른 종으로 변화하는 데 걸리는 시간보다는 짧을 것이다. 한 지층의 윗부분과 아랫부분에서 각각 어떤 생물(종)의 두 형태가 발견되었다고 하자. 그렇더라도 그 둘 사이의 중간 고리를 이루는 변종들을 같은 지층에서 찾아 내기는 매우 어렵다. 왜냐하면 그러면 퇴적층이 아주 두꺼워야 하고, 또 그 생물이 아주 오랫동안 계속 같은 장소에서 살았어야 하기 때문이다. 이런 일은 거의 일어나지 않는다.

어떤 지층에서 하나의 종이 처음으로 나타났다고 해서, 이 생물이 이전에 다른 곳에는 없었다고 볼 수는 없다. 그 종은 단지 그곳에 처음으로 이주해 온 것일 수도 있다. 예를 들어 어떤 동물이 북아메리카의 고생대 지층에서 먼저 나타나고 그 후에 유럽의 지층에서 발견되었다면, 그 동물이 바다를 건너 유럽으로 이주하는 데 시간이 걸렸기 때문이다.

어떤 지층에서 생물 종의 전체 집단이 갑자기 나타날 때가 있다. 일부 고생물학자들은 이것이야말로 자연선택에 의한 진화론을 부정하는 증거라고 주장한다. 자연선택에 의해 천천히 진화한다면 이런 일은 있을 수 없다는 것이다. 그 사람들은 일정한 시기의 지층보다 앞선 시기의 지층에서 어떤 속이나 과가 발견되지 않으면, 이전에는 존재하지 않았다고 주장한다. 하지만 이것은 남아 있는 지질학 기록을 지나치게 믿는 것이다.

우리는 서로 잇닿은 지층과 지층 사이에 얼마나 긴 시간이 흘렀을지도 생각하지 않는다. 지구상에 살았던 모든 생물 종이 화석으로 남아 있을 수는 없다. 최근에 시조새라는 기묘한 새가 발견되었는데, 이 시조새는 우리가 과거에 살았던 생물에 대해 모르는 것이 얼마나 많은지를 보여 주는 생생한 증거다.

불완전한 세계사 책

지질학 기록이 어느 정도 완전하다고 믿는 사람들은 자연선택 이론을 받아들이지 않을 것이다. 그러나 나는 현재 남아 있는 지질학 기록을 이렇게 비유하고 싶다.

지질학적 기록이란 계속 변화하는 사투리로 쓴 불완전한 세계사 책이다. 우리는 그중에서도 고작 두세 나라를 설명한 마지막 권만 가지고 있다. 그리고 그 책에서도 여기저기 짧은 단원들만이 남아 있고, 각 페이지에도 고작 몇 줄만이 보존되어 있다. 더구나 각 단원마다 조금씩 다른 언어로 쓰였기 때문에 해석하기도 어렵다. 이것이 현재 우리에게 남은 지질학적 기록의 현주소이다.

지리적 분포

 이제 우리는 학자들이 오랫동안 토론해 온 문제에 이르렀다. 종은 지구상의 어느 한 지역에서 창조되었는가 아니면 여러 지역에서 창조되었는가 하는 문제다.

 각각의 종은 한 지역에서 생겨나서, 그 뒤에 멀리 떨어진 곳까지 이동했다는 주장이 가장 그럴 듯하다. 물론 같은 종이 어떻게 한 지점에서 오늘날 발견되는 먼 지역까지 이주할 수 있었는지 알아내기는 쉽지 않다. 그래도 나는 각각의 종이 어떤 한 지역에서 발생하여 그 뒤에 이주하였다는 견해가 더 타당하다고 생각한다. 물론 생물들이 어떻게 한 지점에서 다른 지점으로 이동했는지 설명할 수 없는 경우도 많다. 하지만 전혀 불가능한 것도 아니다.

유전만이 닮은 생물체를 만들어 낸다

나는 지구상의 생물 분포를 조사하면서 다음과 같은 놀라운 사실을 발견했다.

첫째, 기후와 같은 환경 조건이 비슷하다고 해서 생물들이 비슷한 것은 아니다. 조건이 아주 다른 남아메리카 대륙의 남위 35도 이남과 남위 25도 이북의 생물들을 비교해 보면, 이들은 아주 밀접한 연관 관계를 갖고 있다.

둘째, 여러 지역의 생물들이 차이가 나는 경우, 거기에는 자유로운 이동을 막는 장애가 있다는 점이다. 이런 사실은 구대륙과 신대륙의 거의 모든 육지 생물이 크게 다른 것을 보면 알 수 있다. 위도가 같은 오스트레일리아, 아프리카, 남아메리카에 사는 생물들은 비슷할 것 같지만 실제로는 큰 차이가 있다. 그것은 세 지역이 서로 아주 멀리 떨어져 있기 때문이다. 같은 대륙 안에서도 마찬가지다. 높은 산맥, 넓은 사막, 그리고 큰 강의 이쪽 저쪽에서는 각각 서로 다른 생물들이 살고 있다.

셋째, 같은 대륙이나 바다에 사는 생물들은 서로 유연 관계를 갖는다. 북쪽에서 남쪽으로 여행하다 보면, 서로 밀접하게 연관되어 있지만 다른 종에 속하는 생물들이 잇달아 나타나는 것을 볼 수 있다. 마젤란 해협 근처의 평원에는 레아(아메리카타조) 속의 한 종이 살고 있으며, 북쪽의 라플라타 평원에는 다른 종의 레아가 살고 있다. 하지만 이것들은 두 지역과 같은 위도에서 발견되는 아프리카의 타조나, 오스트레일리아의 에뮤와는 완전히 다르다.

이러한 사실에서 우리는 환경 조건과는 관계없는 어떤 깊은 관련성을 짐작하게 된다. 누구나 눈치 챘겠지만, 그것은 바로 유전이다. 유전만이 서로 닮은 생물체를 만들어 낸다. 서로 다른 지역에 사는 생물들이 다른 것은 변이와 자연선택을 통해서 일어나는 변화 때문이다. 종이 어떤 형태로 발달할 것인지는 예측할 수 없다. 각 개체에게 이익을 주는 방향으로만 변화할 것이므로, 어떻게 변할지는 종마다 다를 것이다.

식물의 이동

기후의 변화는 이동에 아주 강력한 영향을 미쳤다. 현재는 기후 때문에 생물들이 지날 수 없는 지역도, 기후가 달랐던 과거에는 쉽게 이동할 수 있는 통로였을지도 모른다. 땅 높이의 변화도 큰 영향을 미쳤을 것이다. 지금은 지협(두 육지 사이를 연결하는 잘록한 땅) 때문에 해양 동물이 분리되어 있다 하더라도, 그 땅이 물속에 잠기면 두 해양 동물은 서로 섞이게 될 것이다. 현재는 바다가 널리 펼쳐져 있는 지역도, 과거에는 어쩌면 섬들이 붙어 있거나 심지어는 대륙이 서로 이어져 있었을 수도 있다. 그렇게 되면 육지 생물들이 한 지역에서 다른 지역으로 쉽게 이주할 수 있었을 것이다. 종은 이런 식으로 서식지를 넓혀 간다.

또한 때때로 일어나는 분산 방식도 있는데, 여기서는 식물의 경우만 다루기로 하자. 먼저 식물이 바다를 건너 옮겨질 수 있는지 보기 위해 실험을 했다.

나는 87종의 씨를 28일 동안 바닷물에 담가 두고 씨앗이 바닷물에서 얼마나 오래 견디는지 보았다. 그랬더니 64종이 발아했고, 그 가운데 몇몇은 137일 동안이나 살아 있었다. 또 과일이 달린 식물들이 홍수 때 바다로 떠내려가는 걸 떠올리고, 익은 과일이 달린 식물의 줄기와 가지를 말려 바닷물에 띄웠다. 대부분은 곧 가라앉아 버렸지만 94종 가운데 18종은 28일 이상 떠 있었다.

이런 식으로 실험을 해서, 나는 식물 100종 중 14종의 씨는 28일 동안 바다에 떠 있을 수 있으며 씨를 틔우는 능력도 그대로 있다는 사실을 알았다. 조사에 의하면, 대서양 해류의 평균 속도는 하루에 53킬로미터라고 한다. 그러면 28일 동안 바닷물에 떠 있는 씨앗이 1,480킬로미터의 바다를 건너 다른 지역에 닿을 수 있을 것이다. 그리고 해안에 도달해 그곳에서 싹을 틔울 것이다.

씨앗은 다른 방식으로 옮겨질 수도 있다. 통나무가 표류하다가 섬에 닿기도 하는데, 이때 뿌리에 돌들이 꽉 박혀 있으면 그 사이에 낀 작은 흙덩어리가 씻겨 내려가지 않고 그대로 남아 있을 수 있다. 나는 이렇게 흘러온 참나무 뿌리의 흙덩어리에서 쌍떡잎식물 세 개가 발아한 것을 본 적이 있다.

새도 씨앗을 전파하는 데 매우 효과적인 역할을 한다. 새들은 종종 강풍을 타고 바다 건너 아득히 먼 곳까지 가기도 한다. 그런데 부드럽고 영양분이 많은 씨앗은 새의 창자에서 소화되어 버리지만, 단단한 씨는 창자를 무사히 통과한다. 더구나 새의 모이주머니는 위액을 분비하지 않기 때문에 씨앗이 발아하는 데 조금도 해를 입히지 않는다. 종종 바람에 실려가던 새는 매에게 잡

아먹히는데 이때 새의 모이주머니가 찢겨 그 안에 있던 음식물이 사방으로 흩어진다. 귀리, 밀, 기장, 삼, 토끼풀 같은 씨앗은 12시간에서 21시간까지 새의 위에 있다가 나온 다음에도 발아했으며, 사탕무 씨는 38시간이 지난 다음에도 발아하였다.

새의 부리와 발에 흙이 묻어 있는 경우도 있다. 나는 친구로부터 도요새 한 마리를 받은 적이 있는데, 그 새의 한쪽 발에는 약 0.6그램 정도의 흙덩어리가 묻어 있었다. 그런데 이 흙덩어리에 들어 있던 애기비녀골풀의 씨가 발아하여 꽃을 피웠다.

한번은 뉴턴 교수가 180그램 정도의 흙덩어리가 붙어 있는 붉은다리자고의 다리를 보내왔다. 나는 이 흙을 3년 동안 보관하였다가 잘게 부숴서 물을 주고 유리그릇 속에 놓아두었다. 그랬더니 거기에서 82가지 종류의 식물이 돋아났다.

새들은 이런 식으로 바다 건너 먼 대륙까지 식물을 옮긴다.

빙산도 때때로 흙이나 작은 나무, 또 새의 둥지를 싣고 흘러간다. 그렇다면 북극과 남극지방의 씨앗들, 또 빙하기에는 오늘날 온대지방의 씨앗들도 다른 곳으로 이동했을 것이다.

수만 년 동안 식물들은 이런 방법으로 이동했다. 하지만 정확히 어디에서 어디로 이동했는지, 현재로서는 식물들의 정확한 이주 경로를 알 수 없다. 또 왜 어떤 종은 이동하고 다른 어떤 종은 이주하지 않았는지도 알 수가 없다. 왜 어떤 종은 새로운 형태로 변화하고 어떤 종은 전혀 변하지 않은 채 그대로 남았는지도 설명할 수가 없다. 그렇지만 종이 한 곳에서 생겨난 후에, 다른 지역으로 전파되었다는 것은 분명하다.

민물 생물의 이동 방식

호수나 강은 육지와 바다라는 장벽에 막혀 떨어져 있기 때문에 민물 생물은 널리 분포하지 않을 거라고들 생각한다. 그러나 사실은 정반대다. 많은 민물 종들이 전 세계적으로 퍼져 있을 뿐만 아니라, 비슷한 근연종도 널리 분포한다. 나는 브라질에서 육지 동물은 영국의 동물들과 매우 다른 데 비해, 민물에 사는 곤충과 조개류는 양쪽이 비슷하다는 사실을 알고 매우 놀랐다.

민물 조개류의 알이나 성체(다 자란 몸)는 바닷물에서 금방 죽어 버리기 때문에 같은 나라 안에서도 옮겨가기가 어려운데 말이다.

그러다가 과거의 경험 두 가지가 떠올랐다. 하나는 기러기가 연못에서 갑자기 모습을 나타낼 때, 그 등에 작은 식물들이 붙어 있는 것을 본 경험이다. 다른 하나는 한 양어장에서 다른 양어장으로 개구리밥을 옮기면서 나도 모르게 조개 몇 개를 함께 옮긴 일이다.

그 경험을 떠올려, 나는 민물 조개 알들이 많이 부화한 양어장에 기러기 발을 담가 보았다. 그랬더니 갓 부화한 조그만 조개들이 기러기 발에 빽빽이 달라붙었다. 이 조개는 원래 물속에서 살지만, 공기가 습할 때는 기러기 발에 붙은 채로 12~20시간 정도 살아 있을 수 있다. 그만한 시간이면 기러기는 적어도 1,000킬로미터는 날아갈 수 있으며, 바다를 건너 멀리 떨어진 대륙까지 갈 수도 있다. 만약 그곳이 융기한 지 얼마 안 된 섬이라면 연못이나 강에는 아직 생물이 살고 있지 않을 것이다. 이런 경우에는 단 하나의 알까지 살아남을 가능성이 크다. 그것을 잡아먹을 동물이 없기 때문이다.

민물 식물도 많은 종이 여기저기에, 멀리 떨어진 섬에까지 매우 넓게 분포하고 있다. 앞에서 얘기한 대로, 새의 발이나 부리에 묻은 소량의 흙을 통해 씨앗이 전파되기도 한다. 사실 식물학자들도 연못의 진흙에 얼마나 많은 씨가 들어 있는지 모르고 있는 것 같다.

나는 2월에 작은 연못에서 진흙을 세 숟가락 퍼내 말렸는데, 말리고 나니 무게는 190그램밖에 되지 않았다. 그것을 6개월 동안 덮어 두고 싹이 틀 때마다 뽑아서 세어 보았다. 그랬더니 537포기나 되는 많은 식물이 나왔다. 그러니 물새가 민물 식물의 씨를 멀리 떨어진 연못까지 운반해 가지 않는다면 그게 더 이상한 일이라고 생각한다.

이처럼 민물 식물이나 민물 하등동물이 전 세계에 널리 분포하게 된 것은, 주로 동물들, 특히 서식지를 옮겨 다니는 새들이 씨나 알을 퍼뜨렸기 때문인 것 같다.

큰바다의 섬에는 고유한 종이 많다

큰바다의 섬에 사는 종들은, 같은 면적의 대륙에 사는 종들보다 수가 적다. 하지만 종의 수가 적은 대신, 고유종(다른 곳에서는 찾아볼 수 없는 종)의 비율은 무척 높다. 격리된 지역에 와서 거기 사는 생물들과 경쟁하다 보면 아마도 종이 쉽게 변했을 것이고, 또 그 종들은 자손들에게 변화된 유전자를 남겼을 것이기 때문이다.

하지만 모든 생물들이 그런 것은 아니다. 갈라파고스 제도에서는 뭍새 26종 가운데 21종이 고유종인데, 바닷새는 11종 가운데 단 2종만이 고유종이다. 뭍새는 바다를 건너기가 힘들어 이 제도에서만 살겠지만, 바닷새는 그보다는 쉽게 바다를 건널 수 있기 때문이다. 섬에 사는 바닷새들은 별 어려움 없이 모국에서 날아온 바닷새와 교잡했을 것이고, 그래서 새로운 종으로 분화되지 않은 것이다.

큰 바다의 섬에 개구리가 없는 이유

광활한 대양에 흩어진 많은 섬들 가운데 태평양의 뉴질랜드, 누벨칼레도니 섬과 솔로몬 제도, 인도양의 안다만 제도와 세이셸을 제외하면, 어떤 섬에도 양서류*가 살지 않는다. 하지만 그 섬들이 양서류가 살기에 환경 조건이 맞지 않는 것은 절대 아니다. 예컨대 대서양의 마데이라와 인도양의 모리셔스 섬에는 개구리가 정착하자마자 엄청나게 번식하였다. 그러나 양서류나 그 알은 바닷물에서는 곧 죽어 버리기 때문에 그 개구리들이 바다를 건너 이주했다고 볼 수 없다.

포유동물도 마찬가지다. 나는 이제껏 대륙에서 500킬로미터 이상 떨어진 섬에서 육지 포유동물이 사는 예를 한 번도 보지 못했다. 물론 사람들이 데리고 들어가서 키우는 가축은 예외다. 포클랜드 제도에는 늑대가 살고 있다. 하지만 이 제도는 450킬로미터 떨어진 곳에 있는 본토와 대륙붕으로 연결되어 있고, 늑대가 빙산에 실려 그 제도로 이주했을 가능성도 있다.

멀리 떨어진 섬에는 포유류가 없는 이런 상황을 창조론자들은 어떻게 설명할까? 섬에서는 포유류를 창조할 만한 시간이 없었다고 할 것인가? 여러 화산섬들은 생겨난 지 충분히 오래 되었고, 또 다른 강(綱)*에 속하는 고유한

양서류: 어류와 파충류의 중간으로, 물과 육지 양쪽에서 산다 하여 양서류라고 한다. 개구리, 맹꽁이, 도롱뇽 등이 여기 속한다.
강(綱): 생물 분류에서 문(門)의 아래, 목(目)의 위인 단계.

종들은 있는데 말이다. 이상한 것은 대양의 섬에 육지 포유동물은 없지만 하늘을 나는 포유동물은 거의 서식한다는 점이다. 뉴질랜드에는 그곳 고유종인 박쥐가 두 종류 있으며, 노퍽 제도와 오가사와라 군도에도 각각 그 섬 특유의 박쥐가 살고 있다. 창조주는 왜 멀리 떨어져 있는 섬들에 박쥐는 만들어 놓고 포유류는 단 하나도 만들지 않았을까?

    나는 이 의문에 쉽게 대답할 수 있다. 육지 포유동물은 바다를 건널 수 없지만, 박쥐는 날아서 바다를 건너갈 수 있기 때문이다. 박쥐의 많은 종들은 세계적으로 널리 분포하고 있으며, 대륙에서 멀리 떨어진 섬에서도 발견된다.

섬에 사는 생물과 본토에 사는 생물의 관계

갈라파고스 제도는 남아메리카에서 800~1,000킬로미터 떨어진 곳에 있다. 이곳에서는 육지 생물이든 수중 생물이든 거의 모두가 아메리카 대륙에 사는 생물들과 비슷하다. 왜 그럴까? 갈라파고스 제도와 아메리카 대륙은 지질학적 성질이나 기후 등 환경 조건이 모두 다른데 말이다.

반면 갈라파고스 제도와 카보베르데 제도(아프리카 북대서양)는 토양이나 섬의 기후, 크기 등 환경은 상당히 비슷하지만, 두 곳에 사는 생물들은 완전히 다르다. 대신 카보베르데 제도의 생물들은 아프리카의 생물들과 연관이 있다. 이러한 사실들은 생물이 독립적으로 창조되었다는 이론과 맞지 않는다. 내 생각에 이런 상황은 갈라파고스 제도는 아메리카 대륙과 가깝고 카보

베르데 제도는 아프리카 대륙과 가깝다는 사실과 연관이 있다.

섬의 고유한 생물들이 가장 가까운 대륙의 생물들과 비슷하다는 것은 거의 어디서나 볼 수 있는 현상이다. 또한 같은 제도 안의 섬들마다 서로 비슷한 종들이 많이 사는데, 이 종들은 가장 가까운 대륙에 사는 종들보다 훨씬 더 밀접하게 연관되어 있다. 섬들끼리는 대륙보다 훨씬 가깝기 때문에 이러한 현상은 당연하다고 하겠다.

여러 지역의 같은 종은 한 조상의 후손들이다

지금까지 나는 같은 종의 개체는 어디에서 발견되든지 모두 같은 조상에서 나왔다고 주장했다. 그리고 이것을 증명하기 위해 기후와 땅 높이의 변화, 그리고 운반 수단의 다양함을 설명했다.

이제 독자들은 몇몇 동물 구역과 식물 구역을 분리할 때 바다, 산맥, 기후가 매우 중요하다는 사실을 이해할 수 있을 것이다. 그리고 서로 다른 위도에 사는 생물들이 왜 서로 닮았는지, 물리적 조건이 거의 같은 두 지역의 생물들이 왜 그렇게 다른지도 알 것이다.

오랜 시간을 두고 변화한 생명의 형태가 있는가 하면, 먼 지역으로 이주한 다음에 변화한 생명의 형태도 있다. 그러나 두 가지를 지배하는 법칙은 하나다. 그것은 바로 자연선택이라는 방식이다.

•• 8장 ••
생물들 사이의 유연관계
형태학, 발생학, 흔적기관

오랜 옛날부터 오늘날에 이르기까지 생물들은 여러 갈래로 분화해 왔다. 이 생물들은 어떤 공통점에 따라 집단으로 묶고, 이 집단 아래 다른 집단을 두는 식으로 분류할 수 있다. 이것은 뚜렷한 기준 없이 하늘의 수많은 별을 이런저런 별자리들로 묶는 것과는 다르다. 그러면 어떤 식으로 묶는 것일까?

가까운 혈연관계에 있는 생물들은 공통 조상을 갖는다. 이 혈연이라는 요소를 이용하면 자연의 체계를 파악할 수 있다. 그리고 자연선택을 통한 변화의 정도에 따라 계통 분류를 할 수 있다.

다음에서 살펴볼 세 가지 증거는 이 세상의 모든 생물들이 집단별로 공통 조상에서 생겨나서 변화해 왔음을 보여 준다.

형태학

생물의 발생·구조·형태를 연구하는 학문이다. 해부학, 분류학, 세포학 등이 여기에 속한다.

형태학은 생물들의 상호 연관성을 보여 주는 중요한 증거다. 사람의 손, 두더지의 앞발, 말의 다리, 돌고래의 지느러미, 박쥐의 날개는 모두 같은 구조이며 상대적으로 같은 위치에 비슷한 뼈를 가지고 있다. 활동 방식은 모두 다른데 같은 구조라니, 신기하지 않은가?

넓은 평원을 뛰어다니기에 적합한 캥거루의 뒷발, 나뭇가지를 잡기에 적합한 코알라의 뒷발, 땅에 살면서 곤충이나 뿌리를 먹고 사는 오스트레일리아 주머니쥐의 뒷발도 모두 같은 구조인데, 이 또한 신기한 일이다.

이처럼 같은 강(綱)의 생물들이 그들의 생활 습성과는 관계없이 신체 구조가 유사한 경우를 두고 '상동(相同)'이라고 한다.

프랑스의 박물학자* 생틸레르는 상동기관들의 상대적 위치와 연결 순서를 대단히 중요하게 보았다. 상동기관들은 형태나 크기는 다를 수 있으나, 그 연결된 순서는 항상 같다는 것이다. 우리 팔의 윗뼈와 아랫뼈, 혹은 넓적다리뼈와 종아리뼈가 서로 뒤바뀌는 경우가 없듯이 말이다. 따라서 완전히 다른 동물에서도 상동의 뼈에 대해서는 같은 이름을 붙일 수 있다.

곤충 입의 구조에서도 같은 원리가 발견된다. 박각시나방의 긴 나선형 입,

박물학자: 동물학·식물학·지질학·광물학을 모두 연구하는 사람.

꿀벌의 묘하게 접힌 입, 딱정벌레의 커다란 턱 등은 모두 다른 방식으로 사용되지만 기본 구조는 똑같다.

이렇게 상동기관이 나타나는 이유는 무엇일까? 자연선택 이론을 적용하면 간단히 설명된다. 자연선택 과정에서는 작은 변화들이 선택되므로 원형 자체가 크게 변화되거나 각 부분의 위치가 뒤바뀌는 일은 없다. 예를 들어 다리뼈가 점차 짧아지고 평평해지면서 그 위에 두꺼운 막이 싸여 지느러미가 되었을 것이며, 물갈퀴가 있는 발은 뼈가 점점 길어지면서 그 뼈들을 연결하고 있는 막도 따라 넓어져서 날개가 되었을 것이다.

비슷한 구조를 가진 기관들

박쥐의 날개

돌고래의 앞발

말의 앞다리

두더지의 앞발

사람의 손

발생학

생물의 발생 과정과 변화를 연구하는 학문이다.

일반적으로 같은 강에 속하는 여러 종들은 다 자라면 완전히 다른 형태가 되지만 그 배(胚)*들은 거의 똑같다. 갑각류도 대부분 다 자랐을 때의 형태는 다르지만 유생*은 아주 비슷하다. 왜 배일 때는 비슷하던 것들이 다 자란 성체가 되면 달라질까? 이것도 변이와 자연선택 이론으로 설명할 수 있다. 동물들이 진화하는 동안 변이가 일어났는데, 이 변이가 처음부터 작용하는 것이 아니라 나중에 작용하기 때문이다.

소나 말을 키우는 사람들은, 어느 정도 자랄 때까지는 어린 새끼들이 어떤 장점을 갖게 될지 분명하게 말할 수 없다. 이런 점은 우리 아이들도 마찬가지다. 아이가 막 태어났을 때는 서로 얼굴이 비슷비슷해서 뚜렷이 구분하기가 힘들다. 또한 아이의 키가 클지 작을지, 얼굴 모습이 어떻게 될지도 미리 예측할 수가 없다. 그런 형질들은 좀 더 자라 봐야 나타나는 것이다.

물론 어떤 동물들은 새끼 때나 혹은 배의 상태에서부터 이미 부모의 형태를 많이 닮기도 한다. 오징어, 민물갑각류, 거미 따위는 변태*를 거치지 않고 처음부터 부모와 똑같은 형태를 갖추게 된다. 그 이유는 이들 동물의 새끼들은 매우 이른 시기부터 스스로 먹이를 구해야 하고, 생활 습성도 양친과 똑같기 때문이다.

이제 생물을 분류할 때 대다수 학자들이 성체의 구조보다 배의 구조를 더 중요하게 생각하는 이유를 이해할 것이다. 결국 어떤 동물들이 다 자랐을 때

배(胚): 다세포 생물의 발생 과정에서 생명체의 초기 단계를 가리킨다. 사람의 경우에는 임신해서 8주 정도까지를 배라 하며 그 이후부터는 태아라고 한다.
유생: 배와 다 자란 성체의 중간 단계. 애벌레나 올챙이가 여기 속한다.
변태: 많은 동물들은 배와 성체의 모습이 아주 다르다. 이처럼 심한 형태 변화를 거쳐서 성체가 되는 것을 변태라 한다. 올챙이가 개구리가 되거나, 유충이 번데기를 거쳐 나비가 되는 것이 변태의 예다.

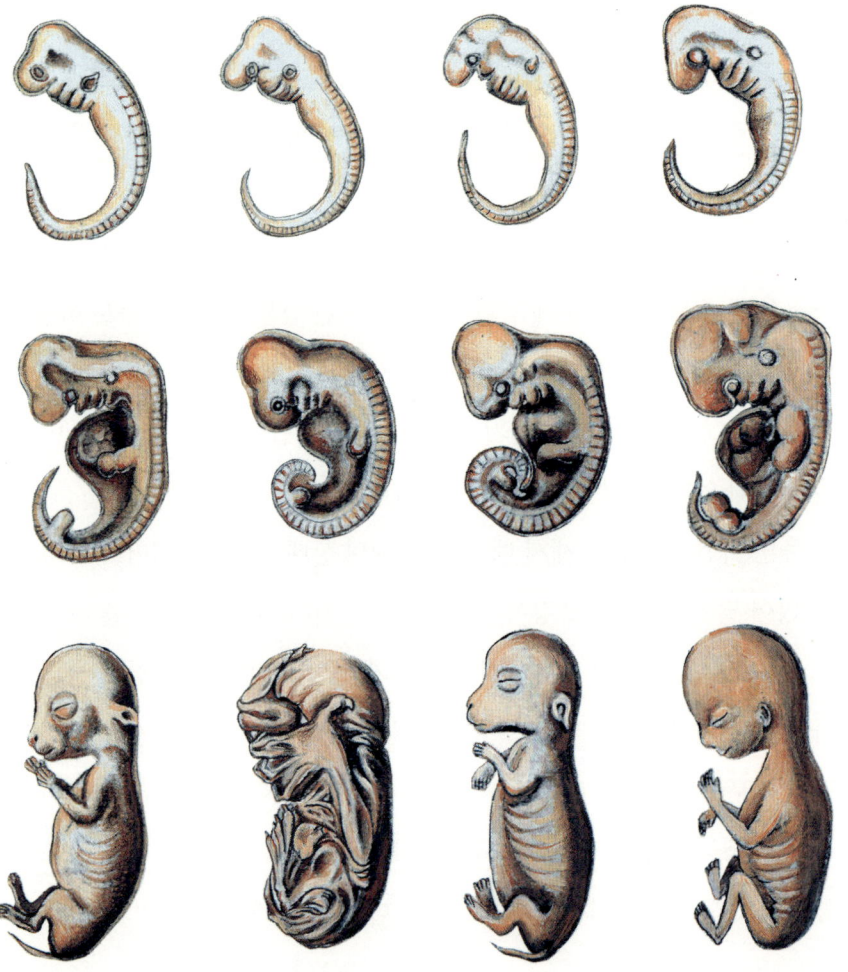

독일의 생물학자 헤켈이 4가지 동물의 배가 자라는 단계를 그린 것. 왼쪽부터 개, 박쥐, 토끼, 사람이다. 배들은 처음엔 구분하기 어려우며 마지막 단계에서만 구별된다. 다윈은 진화하는 동안 돌연변이가 일어났으며, 돌연변이는 초기가 아닌 후기에 작용하는 경향이 있기 때문이라고 설명했다.

의 형태는 모두 다르더라도 배 단계에서 서로 유사하다면, 그 동물들은 하나의 조상에서 생겨났으며 그래서 서로 밀접하게 연관된 종이라고 할 수 있다.

흔적기관

흔적기관이란 현재 쓰이지 않으면서 흔적만 남아 있는 기관을 말한다. 쓸모도 없으면서 남아 있는 이 이상한 상태의 기관들은 자연계에서 흔히 찾아볼 수 있다. 포유류의 수컷은 흔적만 남은 유방이 있는데, 수컷은 젖을 먹이지 않으므로 필요 없는 기관이다. 그러므로 수컷에게 유방은 흔적기관이라 할 수 있다. 조류 중에서 날개가 있지만 전혀 날지 못하는 경우가 있는데, 이때는 날개가 흔적기관이다.

흔적기관이 왜 생겨났는지는 자연선택 이론으로 간단히 설명할 수 있다. 원래 자연선택의 도움으로 생겨난 기관들이 필요 없게 되었을 때 그 기관들은 변이하게 될 것이다. 다시 말해서, 쓰임이 적은 기관을 자연선택이 점점 퇴화시켜 하나의 흔적으로 만든다는 말이다. 그런데 기관의 퇴화는 보통 그 생물이 성숙하여 그것의 모든 능력을 충분히 발휘할 때 일어나기 때문에 배에서는 그 기관이 좀처럼 영향을 받지 않는다. 배에서는 흔적기관이 상대적으로 더 크게 나타나는 이유가 여기에 있다. 흔적기관은 기관의 이전 단계를 보여 주는 기록과 같다. 앞에서 설명한 것처럼 계통을 기초로 생물을 분류할 때, 흔적기관은 생물을 분류하는 데 큰 도움이 된다.

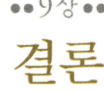

9장
결론

　나는 종들이 오랜 계승 과정을 거치면서 점차 변화했음을 보여 주는 증거들을 제시하였다. 계속해서 일어나는 작지만 유리한 변이들은 자연선택에 의해 보존되면서 종의 변화로 이어졌다. 변화는 어떤 기관을 자주 쓰거나 쓰지 않아서 일어나기도 하고 외부 조건이 직접 작용해서 일어나기도 한다.

　그러나 최근에 내 이론을 잘못 이해한 사람들 때문에, 내가 종의 변화를 오로지 자연선택의 탓으로만 돌린다고 전해졌다. 그래서 오해를 피하기 위해 다시 한번 분명히 말해 두고 싶다. "나는 자연선택이 변화의 주요한 원인이라고 확신한다. 하지만 유일한 원인이라고 생각하지는 않는다."

　한쪽에서는 생명의 본질이나 기원 같은 고차원적인 문제에 대해서는 과학이 아무것도 밝혀낼 수 없다고 주장하지만, 나는 그렇게 생각하지 않는다. 하나의 종에서 다른 종들이 탄생했다는 것을 인정하지 못하는 이유는, 우리가 그 단계들을 직접 보지 못했기 때문이다. 하지만 우리의 머리로는 100만 년이라는 시간의 의미도 충분히 파악할 수 없다. 하물며 셀 수 없이 많은 세대 동안 쌓여 온 가지각색의 변이들이 합쳐져 나온 결과를 어찌 쉽게 받아들일 수 있겠는가.

나는 이 책에서 말한 내용을 조금도 의심하지 않는다. 그렇다 해도 오랜 세월 동안 나와 정반대의 이론을 연구해 온 학자들이 내 견해에 금방 동의하리라곤 기대하지 않는다. 하지만 사고가 열려 있고 이미 종의 불변성을 의심하기 시작한 학자들은 이 책에서 많은 영향을 받을 것이다. 나는 의문점들을 편견 없이 보려는 젊은 학자들에게 기대를 걸고 있다. 종의 변화를 믿게 된 사람은 자신이 확신하는 바를 양심적으로 표명하기만 해도 훌륭한 기여를 하는 것이다. 그렇게 할 때, 이 문제를 둘러싼 편견의 굴레에서 조금씩 벗어날 수 있다.

나는 이전에도 많은 학자들에게 진화라는 문제에 대해 내 견해를 얘기했었지만 거기에 동의하는 사람은 만난 적이 없다. 진화를 믿었던 학자들이 있었을지도 모르지만, 그들은 침묵을 지키거나 자신의 의견을 애매하게 표현해서 그 뜻을 이해하기 어려웠다.

이제는 상황이 완전히 변하여 거의 모든 학자들이 진화의 대원리를 인정하고 있다. 하지만 지금도 여전히, 생물들이 하루아침에 창조되었다고 믿는 사람들이 있다. 전혀 밝혀지지 않은 방식으로 말이다. 하지만 종이 진화했음을 보여 주는 증거는 여러 가지가 있다.

흔적기관은, 초기의 조상은 그 기관을 완전히 발달된 상태로 가지고 있었지만 그 후 점차 퇴화되었음을 보여 준다. 또한 어떤 강에 속해 있든지, 가장 이른 시기의 배는 모든 종이 서로 흡사하다. 그러므로 나는 같은 강이나 계의 모든 구성원들은 하나의 조상으로부터 나와서 변이해 왔다고 믿는다. 동물들이 많아 봐야 너덧 조상들로부터 생겨났고, 식물도 이와 같거나 혹은 더 적은 조상으로부터 나왔을 거라 추측하고 있다.

여기서 한 걸음 더 나아가면, 모든 동식물이 어떤 하나의 원형으로부터 생겼을 가능성도 고려해 볼 수 있다. 사실 모든 생물은 화학적 성분, 세포 구조, 성장 법칙 등에서 공통점이 많고, 같은 물질에서 유해한 영향을 받는다. 한 독성 물질이 동식물에게 비슷한 영향을 미치는 것을 봐도 알 수 있다. 몇 가지 하등한 생물들을 제외하면, 모든 생물의 유성생식*도 본질적으로 유사하다.

가장 큰 분류인 동물계와 식물계를 보더라도, 어떤 하등한 형태는 형질상 중간적이어서 학자들이 그 생물들을 어느 쪽으로 분류할 것인지를 놓고 논쟁을 벌이기도 한다. 에이서 그레이 교수는 "많은 하등 조류(藻類)*의 포자와 생식체는 처음에는 동물의 특징을 나타내다가 나중에는 식물의 특성을 지니

유성생식: 암컷과 수컷이 만나서 새로운 개체를 만드는 방법. 무성생식의 반대.
조류(藻類): 꽃이 피지 않고 포자로 번식하는 포자 식물에 딸린 수초. 물이나 습지에 산다.

고 살아간다."고 주장했다.

그러므로 시간이 흐르면서 형질이 다른 방향으로 갈라진다는 자연선택의 원리를 생각해 보면, 그러한 중간적인 하등 형태로부터 동물과 식물이 갈라져 나왔다고 해도 전혀 근거 없는 추측은 아닐 것이다. 그리고 이것을 인정한다면, 이 지구상에서 생존한 모든 생물은 어떤 하나의 원시 형태로부터 생겨났을 가능성도 인정해야 한다.

이 책에서 내가 제시한 견해와 월리스 씨가 제출한 견해, 또는 종의 기원에 대한 비슷한 견해들이 널리 인정될 때, 생물학에서는 상당한 혁명이 일어날 것이다. 아주 놀라운 기계 발명품도 따지고 보면 모두 수많은 기술자들의 노력과 경험과 추리, 잘못과 실수까지 더해진 결정체이다. 마찬가지로 생물의 복잡한 구조와 본능 하나하나도 모두 그 소유자에게는 필요하고 쓸모 있는 장치들의 총합이라고 생각할 수 있다. 각각의 생물을 우리가 이러한 눈으로 바라볼 때, 생물학 연구는 얼마나 흥미진진해질 것인가.

과거 사실들로 미루어 판단하건대, 현존하는 생물들 중에서 먼 장래의 후손들에게 지금의 모습을 변함없이 그대로 전할 수 있는 종은 단 하나도 없다. 환경에 더 잘 적응하는 변종을 자연이 끊임없이 선택하기 때문이다.

지금까지의 조사에 따르면, 각각의 속에 포함되는 종들 대부분이 전혀 자손을 남기지 못하고 멸종해 버렸다. 따라서 현재 살고 있는 생물들 중에서 아득한 미래에까지 자손을 남기는 종도 극히 드물 것이다. 지금 살고 있는 생명체들은 모두 캄브리아기보다 훨씬 이전에 살았던 생물의 후손이다. 그만큼 오랜 세월 동안 생물은 대를 이어 왔고, 어떤 천재지변도 지구를 한꺼번에 황폐하게 만들지는 않았다. 따라서 우리는 믿음을 갖고 먼 미래를 내다보아야 한다.

숲 속에서는 새들이 지저귀고 여러 곤충들이 날아다니며, 벌레들이 습지를 기어 다닌다. 절묘하게 발달한 생물들은 서로 엉켜서 매우 복잡한 방식으로 의존하고 있지만, 모두 어떤 필연적인 법칙들에 따라서 생성되고, 그 법칙에 따라서 삶을 이어 가고 있다. 이 법칙들이란 가장 넓은 의미에서는 생식을 포함한 성장, 부모의 형질을 물려받는 유전, 높은 번식률과 그로 인한 생존경쟁, 자연선택으로 인한 형질의 분화, 덜 발달된 형태의 멸종 등이다.

이러한 자연계의 투쟁을 거쳐, 또한 기근과 죽음의 단계를 지나 고등생물이 탄생한다. 태초에 조물주는 소수의, 또는 하나의 형태에 생명을 불어넣으면서 몇 가지 능력을 함께 주었다. 오늘날의 무수한 생물들은 처음의 단순한 형태에서 지금처럼 아름답고 경탄할 만한 수많은 형태들로 진화해 왔으며, 현재도 진화하고 있다. 그리고 이러한 세계관에는 생명의 세계에 대한 외경심이 깃들어 있다.

연표

1809년 영국의 남서부 슈루즈버리에서 아버지 로버트 다윈과 어머니 수재너 다윈 사이에서 2남 4녀 가운데 다섯째로 태어나다.

1817년 어머니 수재너가 세상을 뜨다. 이후 아버지가 재혼을 하지 않아 형과 누나들의 보살핌 속에서 자라다.

1817년~25년 슈루즈버리 학교를 다니다. 학과 공부보다 처음 보는 곤충이나 식물을 채집하면서 열심히 산과 들을 쏘다니다.

1825년~27년 에든버러 대학교 의학부에서 공부하다. 여전히 동식물을 채집하며 박물학자로서의 꿈을 키우다.

1828년~31년 케임브리지 대학교에서 신학을 공부하다. 헨슬로 식물학 교수와 친하게 지내고, 세지윅 지질학 교수와 웨일즈 지방의 지질을 조사하다.

1831년 비글 호 선장 피츠로이가 함께 탑승할 박물학자를 구하다. 다윈은 헨슬로 교수의 추천을 받아 우여곡절 끝에 비글호에 합류하다. 12월 비글 호를 타고 영국의 데번포트를 출발, 5년 동안의 항해에 오르다.

1832년 브라질의 리우데자네이루 도착. 3개월 동안 정박하면서 많은 곤충들을 채집하고 관찰하다. 한편 노예들의 비참한 생활에 충격을 받다. 9월에는 아르헨티나의 바이아블랑카에 도착하여 지형을 관찰하고 귀중한 화석도 발견하다.

1833년 파타고니아의 자연을 관찰하고, 순수 혈통의 인디오들의 모습도 기록하다. 이어서 비글 호는 라플라타 강을 향해 출항하고, 다윈은 2주에 걸쳐 육로로 부에노스아이레스까지 여행하다.

1834년 안데스 산맥의 지질을 탐사하기 위해 출발하다. 킨테로 대농장과 야킬에 있는 금광에 들르다. 9월 말 병으로 드러눕다.

1835년	2월 8일 칠레의 발디비아에 도착하다. 20일 대지진으로 도시가 폐허로 변하다. 9월에 갈라파고스 제도에 상륙하다. 핀치 새, 갈라파고스황소거북, 이구아나 등을 관찰하면서 진화론의 중요한 단서를 얻다.
1836년	오스트레일리아 시드니의 잭슨 항에 도착하다. 세계적으로 유일한 바다너구리를 보다. 4월 1일 인도양의 킬링 제도에 도착하다. 산호초가 어떻게 형성되는지 규명하다. 10월 2일 영국의 팰머스에 도착, 5년 만에 긴 항해를 마치다.
1839년	외사촌 누이 엠마 웨지우드와 결혼하다. 5월 《비글 호 항해기》 초판을 발간하다.
1842년	런던 근교인 다운에 정착하고, 진화에 관한 35쪽짜리 초안을 쓰다.
1844년	초안을 발전시켜 231쪽짜리 논문을 완성하다.
1846년	《비글 호 항해기》 재판을 발간하면서 지질학과 박물학의 순서를 바꾸다.
1858년	6월에 월리스의 논문과 편지를 받다. 자연선택이 종을 발생시키는 데 핵심적인 역할을 한다는 내용을 보고 깜짝 놀라다. 7월 1일 린네학회 연례회의에서 월리스와 공저로 〈종이 변종을 형성하는 경향에 관하여 : 자연선택 방법에 의한 변종과 종의 영속화에 관하여〉를 발표하다.
1859년	《종의 기원》을 출간하다. 초판 1250부가 그날로 매진되고, 1872년까지 6판을 거듭하다.
1860년	영국 과학 발전 협회의 옥스퍼드 회의에서 다윈의 진화론을 놓고 주교 윌버포스와 헉슬리가 논쟁을 벌이다.
1882년	다운 하우스에서 세상을 떠나, 웨스트민스터 사원에 묻히다.